Andreas Böhn • Das zeitgenössische deutschsprachige Sonett

Andreas Böhn

Das zeitgenössische deutschsprachige Sonett

Vielfalt und Aktualität einer literarischen Form

Verlag J.B. Metzler
Stuttgart · Weimar

Die Deutsche Bibliothek – CIP-Einheitsaufnahme

Böhn, Andreas:
Das zeitgenössische deutschsprachige Sonett : Vielfalt und Aktualität einer literarischen Form / Andreas Böhn. - Stuttgart ; Weimar : Metzler, 1999
(M-&-P-Schriftenreihe für Wissenschaft und Forschung)
ISBN 978-3-476-45220-7

ISBN 978-3-476-45220-7
ISBN 978-3-476-04313-9 (eBook)
DOI 10.1007/978-3-476-04313-9

M & P Schriftenreihe für Wissenschaft und Forschung

Ursprünglich erschienen bei J.B. Metzlersche Verlagsbuchhandlung
und Carl Ernst Poeschel Verlag GmbH in Stuttgart 1999

Inhalt

Vorbemerkung

Das Sonett dürfte nach wie vor die bekannteste Gedichtform sein, die auch von einem breiteren Publikum als solche erkannt und benannt werden kann. Die markante und einprägsame Form, ja prägnante Formgebung überhaupt verbindet man mit dem Wort ‚Sonett'. Das wird wohl auch Werbestrategen dazu gebracht haben, es in den sechziger Jahren als Namen für einen Sportwagen zu verwenden, über den es in einem Prospekt hieß: „Poetry in motion - Sonett, a Swedish Saab, different from all others."[1] Doch taugt das Sonett heute noch für mehr als für solche Reminiszenzen? Ist es nur noch ein Exponat im imaginären Museum der Postmoderne, in dem die Erzeugnisse vergangener Kulturphasen verfügbar gehalten werden und aus dem gerade die Werbung ja auch sonst gerne Versatzstücke der ehemaligen Hochkultur als Material bezieht? Hat die Form ihre Geschichte also endgültig hinter sich und ist zum stereotypen Abziehbild erstarrt, oder wird sie auch noch produktiv, ja gar innovativ verwendet, in einer tatsächlichen Weiterführung der Formentwicklung?

Während die Sonettistik der unmittelbaren Nachkriegszeit großenteils als epigonal abgetan wurde und die Form seit den sechziger Jahren vollends als ‚erledigt' galt, findet man in den letzten zwanzig Jahren eine erstaunliche Menge und Vielfalt von Verwendungen des Sonetts. Ob und in welchem Sinne es sich hierbei um ‚richtige' Sonette handelt, erscheint angesichts der zeitgenössischen Produktion als nachrangige Frage (die dennoch nicht vernachlässigt werden soll). Wichtiger ist es zunächst einmal, den Befund festzuhalten, wie viele variantenreiche Kombinationen des Aufgreifens und Gebrauchens der Form mit spielerischen, ironischen, parodistischen Distanznahmen und Verweisen auf

---

[1] Michael Peterka: Saab. Modelle 92, 93, 95, 96, 99; Sonett I, II und III; 1947-70; eine Dokumentation. Suderburg 1993, S. 71; vgl. auch S. 89: „Für damalige Verhältnisse galt die Formgebung des Sonett III als letzter Schrei."

die Form vorliegen. Sie stammen keineswegs nur von Traditionalisten, sondern von Autoren unterschiedlichster Couleur wie Günter Grass, Wolf Biermann, Wolf Wondratschek, Ulla Hahn, Rainer Kirsch, Thomas Rosenlöcher, Gerhard Rühm, Oskar Pastior, Ludwig Harig, Klaus Modick, Ernst Jandl und Durs Grünbein. Entsprechend komplex und heterogen sind die Verwendungsweisen der Form, so daß sie sich kaum noch im Sinne einer Formentwicklung historisch darstellen lassen, sondern methodisch nach der Art und Weise ihrer jeweiligen Funktionalisierung der Form befragt werden müssen. Voraussetzung dafür ist ein Konzept der Zugriffsstrategien auf das Formeninventar, das sich als kommunikativer Fundus verstehen läßt. Solche Strategien sind unter dem Schlagwort ‚Intertextualität' ja in erster Linie hinsichtlich der Bezugnahmen auf Einzeltexte breit diskutiert worden, die Bezugnahmen auf Gattungs- und Formtraditionen, vor allem die indirekten, gebrochenen, verdienen aber noch weitaus mehr Interesse, als ihnen bisher zugekommen ist.

Die erstaunliche Renaissance des Sonetts in den letzten beiden Jahrzehnten hat sicher etwas mit der vielerorts bemerkten ‚Wiederkehr der Formen' zu tun, die sich nach der Abwendung von allen tradierten Formen und Konventionen in den sechziger Jahren in einem erneuten Aufgreifen gerade sehr elaborierter und ‚altmeisterlicher' Muster seit den Siebzigern manifestiert. Doch gerade diese besonders ‚strenge' Form scheint, wenn man sich ihr erst einmal zugewendet hat, eine spezifische Sogwirkung zu entfalten. Was auf den Laien schwierig und abschreckend wirkt, kann offensichtlich mit etwas Übung zur täglichen Gewohnheit, wenn nicht zur manischen Besessenheit werden. Das Sonettieren führt gerade bei weniger professionellen Autoren leicht zur Massenproduktion. An Beispielen aus dem deutschen Sprachraum wäre Wilhelm von Humboldts diaristisches Sonettschreiben zu nennen. Auch zeitgenössische Autoren wie Robert Wohlleben oder Klaus M. Rarisch kommen auf beachtliche Mengen an Sonetten. Bei letzterem hat diese Fixierung auch eine interpretatorisch-detektivische Seite:

> Obwohl von dem Dramatiker Christian Dietrich Grabbe keine Gedichte bekannt sind, hat er doch eine tief verborgene, esoterische Beziehung zur 14zeiligen Sonettform. Wenn man seine beiden Vornamen in der gebräuchlichen Weise abkürzt:
> CHR. DIETR. GRABBE
> - besteht sein Name aus 14 Buchstaben. Sein bekanntestes und heute noch gespieltes Stück ist
> SCHERZ,/SA/TI/RE,/I/RO/NIE/UND/TIE/FE/RE/BE/DEU/TUNG
> - ein Dramentitel, der aus 14 Silben besteht. Das Drama ist folgendermaßen gegliedert:
> Akt I = 4 Szenen,
> Akt II = 4 Szenen,
> Akt III = 6 Szenen
> - also summa summarum 14 Szenen. Zufall? Oder nicht doch: tiefere Bedeutung?[2]

In solche Tiefen möchte die folgende Untersuchung nicht vordringen. Aber es soll sehr wohl versucht werden, die Verwendungsweisen der Form in ihrer ganzen Breite auszuloten und auch die indirekten Bezugnahmen auf die Sonetttradition angemessen zu berücksichtigen. Statt scheinbar offensichtlich die Form nicht oder nicht vollständig realisierende Texte auszuschließen, wird auch bei ihnen den Verweisen auf das Sonett und ihrer Funktionalisierung nachgegangen. Nur so sind gewisse im einzelnen zu beschreibende Einseitigkeiten und Voreingenommenheiten der bisherigen Forschung zu überwinden, die zu der weitgehenden Mißachtung der Sonettproduktion der achtziger und neunziger Jahre beigetragen haben. Dieser Zeitraum soll daher bei den Analysen im Vordergrund stehen, die auf einem methodischen Kapitel zu Strategien der Formverwendung aufbauen. Dabei wird sich u. a. zeigen, daß manche Funktionen historisch sehr stabil sind, andere deutliche Kon-

---

[2] Klaus M. Rarisch: Die Geigerzähler hören auf zu ticken. Neunundneunzig Sonette mit einem Selbstkommentar. Hamburg 1990, S. 130f.

junkturen haben oder Ausdruck einer ganz spezifischen literarhistorischen Situation sind. Ein vorangehender historischer Überblick bietet eine Vororientierung, die die Einordnung der eingehender analysierten Phänomene erleichtern soll.

Die Entstehung des vorliegenden Bandes wurde wesentlich durch ein Symposion angeregt, das 1997 an der Universität Mannheim stattfand und zu dem der Tagungsband jetzt zeitgleich erscheint.[3] Den Veranstaltern Theo Stemmler und Stefan Horlacher möchte ich an dieser Stelle herzlich danken, ebenso Julia Bohnengel für kritische Lektüre des Manuskripts und Christoph Weiß für technische Unterstützung.

---

[3] Erscheinungsformen des Sonetts. Hg. v. Theo Stemmler und Stefan Horlacher. Tübingen 1999.

I. Das Sonett als problematische Form: Die neuere Forschungsgeschichte

Das Sonett ist eine in der Literaturwissenschaft vielbeachtete Form. Um so erstaunlicher ist es, daß es fast kein professionelles Interesse für die neuere deutschsprachige Sonettproduktion gibt, obwohl sie, wie zu zeigen sein wird, sowohl quantitativ als auch qualitativ alles andere als vernachlässigbar ist.

Als historisches Phänomen, als Gegenstand von Formgeschichte ist das Sonett auch von der Germanistik in den letzten Jahrzehnten intensiv untersucht worden. Ja, manche halten es gar für *die* traditionelle lyrische Form schlechthin: „Es gibt in der deutschen Lyrik nur eine traditionelle Form, die sich durch die Jahrhunderte behauptet hat, das Sonett. Andere Formen, wie etwa die Ode oder die Elegie, sind nichts als Namen oder vage Leitbilder."[4] Auch wenn man sich gattungstheoretisch der Form von der systematischen Seite nähert, stößt man häufig auf das Sonett, was Harald Hartung zu der etwas gereizten Frage provozierte: „Warum fällt uns beim Thema Form immer bloß das Sonett ein - wie eine italienische Spezialität, die wir von Zeit zu Zeit einmal nachkochen, bis wir ihrer überdrüssig sind?"[5]

Doch sucht man nach germanistischen Arbeiten zur Sonettproduktion seit dem Zweiten Weltkrieg, so findet man auffallend wenig. Die in den neunziger Jahren erschienenen Geschichten der deutschen Literatur seit 1945 von Schnell, Barner und Glaser erwähnen das Sonett nur am Rande, und wenn, dann vor allem im Umkreis der unmittel-

---

[4] Walter Naumann: Traum und Tradition in der deutschen Lyrik. Stuttgart u. a. 1966, S. 80.

[5] Harald Hartung: Deutsche Lyrik seit 1965. Tendenzen - Beispiele - Porträts. München u. Zürich 1985, S. 88.

baren Nachkriegszeit.[6] In den fünfziger Jahren scheint denn auch noch eine recht rege literaturwissenschaftliche Diskussion stattzufinden, angeregt durch Mönchs große Sonettgeschichte, Maurers Rezension zu diesem Werk und Bechers ‚Philosophie des Sonetts'.[7] Doch in den wenigen Gesamtdarstellungen zum deutschsprachigen Sonett kommt die Nachkriegssonettistik kaum vor. Fechners Anthologie von Sonetten und poetologischen Texten zum Sonett von 1969 enthält außer Sonetten des ersten Nachkriegsjahrzehnts nur einige Gedichte von DDR-Autoren. Eine Erklärung dafür liefert seine Einschätzung im Vorwort:

> Während in Österreich und der Schweiz eine Vielfalt der Traditionsbezüge sich erweist, wird im kommunistischen Teil Deutschlands eine bislang letzte Philosophie des Sonetts von Johannes R. Becher vorgelegt, die die traditionelle Form mit der politischen Idee erhärtet, und so eine modische Neuaufnahme eingeleitet, deren Folgen noch unabsehbar sind. Auffällig ist dagegen der vergleichsweise Niedergang des Sonettdichtens im westlichen Teil Deutschlands.[8]

Dieselben Autoren und teilweise auch dieselben Texte findet man in der Reclam-Anthologie ‚Deutsche Sonette' von 1979 wieder, erweitert um einige neuere Gedichte bis etwa zum Erscheinungsjahr 1970, darunter

---

[6] Ralf Schnell: Geschichte der deutschsprachigen Literatur seit 1945. Stuttgart u. Weimar 1993; Geschichte der deutschen Literatur von 1945 bis zur Gegenwart. Hg. v. Wilfried Barner. München 1994; Deutsche Literatur zwischen 1945 und 1995. Eine Sozialgeschichte. Hg. v. Horst Albert Glaser. Bern, Stuttgart u. Wien 1997.

[7] Walter Mönch: Das Sonett. Gestalt und Geschichte. Heidelberg 1955; Karl Maurer: [Rezension zu:] Walter Mönch, Das Sonett. Gestalt und Geschichte. In: Romanische Forschungen 67 (1956), S. 214-220; Johannes R. Becher: Philosophie des Sonetts oder Kleine Sonettlehre. Ein Versuch. In: Sinn und Form 8 (1956), S. 329-351; s. auch Hans Düwel: Abwandlung und Auflösung der Sonettform in der neueren deutschen Literatur. In: Wissenschaftliche Zs. der Universität Rostock 4 (1954/55). Gesellschafts- und sprachwissenschaftliche Reihe Heft 1, S. 49-62.

[8] Das deutsche Sonett. Dichtungen, Gattungspoetik, Dokumente. Ausgew. u. hg. v. Jörg-Ulrich Fechner. München 1969, S. 30.

parodistische Sonette von Yaak Karsunke, Peter Rühmkorf und Gerhard Rühm.[9] In dem im gleichen Jahr erschienen Band zum Sonett der ‚Sammlung Metzler' werden Sonette aus der Zeit nach 1945 kaum erwähnt, obwohl sich der Autor in zwei Kongreßvorträgen durchaus mit Sonetten der sechziger und siebziger Jahre beschäftigt hat.[10] Beiträge wie der von Alexander von Bormann, der von der ‚zunehmenden Umstrittenheit' der Form ausgehend sich ihrer ‚historischen Semantik' zuwendet, oder der von Alfred Behrmann, der die ‚Variationen einer Form' gerade über einzelne Epochen hinweg untersucht und ihre jeweilige Beschränkheit auf bestimmte historische Phasen verneint, gehen mit ihren Beispielen kaum über Rilke und den Expressionismus, keinesfalls aber über das Jahr 1945 hinaus; erst bei Dirk Schindelbeck und Erika Greber kommt auch die neue und neueste Sonettproduktion in den Blick.[11]

---

[9] Deutsche Sonette. Hg. v. Hartmut Kircher. Stuttgart 1979.

[10] Hans-Jürgen Schlütter: Sonett. Mit Beiträgen von Raimund Borgmeier und Heinz Willi Wittschier. Stuttgart 1979; ders.: Das engagierte Sonett der sechziger Jahre. In: Akten des V. Internationalen Germanisten-Kongresses Cambridge 1975. Heft 4. Hg. v. Leonard Forster u. Hans-Gert Roloff (=Jb. für Internationale Germanistik. Reihe A. Bd. 2). Bern u. Frankfurt/M. 1976, S. 212-222; ders.: Formdispens im Sonett der Gegenwart. In: Akten des VI. Internationalen Germanisten-Kongresses Basel 1980. Teil 4. Hg. v. Heinz Rupp u. Hans-Gert Roloff (=Jb. für Internationale Germanistik. Reihe A. Bd. 8). Bern, Frankfurt/M. u. Las Vegas 1980, S. 517-526. Einige wenige Hinweise auf neuere Sonette finden sich auch bei William Edgar Yates: Tradition in the German Sonnet. Bern u. Frakfurt/M. 1981.

[11] Alexander von Bormann: „Wer heut Sonette schreibt...". Hinweise zur historischen Semantik einer lyrischen Form. In: Literaturwissenschaft und Geschichtsphilosophie. Fs. für Wilhelm Emrich. Hg. v. Helmut Arntzen u. a. Berlin u. New York 1975, S. 146-159; Alfred Behrmann: Variationen einer Form: das Sonett. In: DVjs 59 (1985), S. 1-28; dieselbe Grundthese wie die Behrmanns, nämlich „daß in den Jahrhunderten die gleichen Abwandlungstendenzen sich wiederholen", findet man schon bei Düwel (1954/55), S. 50. Dirk Schindelbeck: Die Veränderung der Sonettstruktur von der deutschen

Bevor auf diese beiden Autoren eingegangen wird, sei die Frage gestellt, warum die neuere Sonettistik ansonsten so wenig Beachtung gefunden hat. Sowohl Fechner als auch Schlütter geben in ihrer Argumentation Hinweise. Fechner spricht vom ‚Niedergang des Sonettdichtens', und Schlütter konstatiert ‚Formdispens im Sonett der Gegenwart' und befragt Wiederaufnahmen der ‚strengen' Sonettform daraufhin, ob sie auch ‚ernst' gemeint seien: „eine programmatische Rückwendung zum strengen Sonett wäre nur dann signifikant, wenn das Sonett *nicht scherzhaft* verwendet wird."[12] Die politischen und parodistischen Sonette der sechziger Jahre erscheinen ihm unter dem Formaspekt vollends frag-würdig:

> Welchen Sinn hat hier die Sonettform? Wird sie noch einmal aufgegriffen um ihrer Qualitäten willen, des Masses, der klaren Kontur, des Flugblattcharakters? Oder ist sie heute nur noch parodistisch verwendbar? Ist sie überholt, unterlaufen von der prosaischen, tauben, impenetrablen Alltagswirklichkeit?[13]

An diesen Bemerkungen ist ablesbar, daß der Begriff ‚Sonett' nicht wirklich als Beschreibungsmittel für strukturelle Eigenschaften eines Textes oder für die an ihm erkennbare Beziehung zu einer bestimmten Tradition verwendet wird, sondern vielmehr mit Wertsetzungen und

---

Lyrik der Jahrhundertwende bis in die Gegenwart. Frankfurt/M. 1988; Erika Greber: Wortwebstühle oder: Die kombinatorische Textur des Sonetts. Thesen zu einer neuen Gattungskonzeption. In: Zeichen zwischen Klartext und Arabeske. Konferenz des Konstanzer Graduiertenkollegs „Theorie der Literatur". Veranstaltet im Oktober 1992. Hg. v. Susi Kotzinger u. Gabriele Rippl. Amsterdam u. Atlanta 1994, S. 57-80; die ausführlichere Fassung in der Habilitationsschrift von Erika Greber war bei Abschluß des vorliegenden Buches noch nicht erschienen (E. Greber: Textile Texte. Literaturtheorie und poetologische Metaphorik. Studien zur Tradition des Wortflechtens und der kombinatorischen Dichtung. Köln, Weimar u. Wien 1998).

[12] Schlütter (1980), S. 524, Anm. 12.

[13] Schlütter (1976), S. 218.

mit einem ganzen Komplex von Anforderungen verbunden ist. Das Sonett erscheint als ‚hohe' und ‚strenge' Form, die dem ‚Prosaischen', den Niederungen des Alltags besonders stark entgegengesetzt ist. Maß, Klarheit, Konturiertheit und eine deutliche Mitteilungsabsicht bedingen seine Affinität zum ‚Apollinischen' und die Entgegensetzung zum reinen subjektiven Ausdruck und zum Stimmungshaften, aber auch zum nur Spielerischen, Albernen, Parodistischen. All dies sind überaus traditionelle Bestimmungen des Sonetts, die sich in poetologischen Texten, auch in metapoetischen Sonetten durch die Jahrhunderte hindurch finden lassen. Doch sie repräsentieren einen sehr eingeschränkten Sonettbegriff, der immer mehr eine zu erreichende Norm als eine zutreffende Beschreibung der tatsächlichen Textproduktion war. Als literaturwissenschaftliches kryptonormatives Konzept schließt es mögliche Gegenstände aus dem Untersuchungsbereich aus oder drängt sie an den Rand, obwohl sie offensichtlich zumindest einen engen Bezug zu Form und Tradition des Sonetts aufweisen.

Daher werden solche Texte, wenn man sich ihnen überhaupt zuwendet, gerne als ‚Grenzfälle' behandelt, an die man die Frage stellt: ‚Ist das (noch) ein Sonett?' Das Formkonzept fungiert als Meßlatte, die manche Texte erreichen, andere nicht. Im Sinne einer Maximaldefinition können die verschiedenen historisch ausgebildeten äußeren Gestaltungsmerkmale herangezogen werden, also die charakteristischen Strophengliederungen, Reimordnungen und Versrhythmen, aber auch die inneren Bauprinzipien, die unter dem Begriff ‚innere Form' eine bestimmte Gliederung des gedanklichen Gehalts umfassen. Diese Elemente lassen sich unterschiedlich gewichten und in verschiedener Weise zu notwendigen oder hinreichenden Bedingungen für das Prädikat ‚Sonett' machen. Während Mönch oder Düwel etwa den Reim für unverzichtbar hielten, betonte Becher den Vorrang der ‚inneren Form'. So wie die literarische Entwicklung seit dem Zweiten Weltkrieg sich immer weiter von diesen Vorgaben entfernte, läßt sich auch in der Forschung eine allmähliche Aufweichung der ‚harten' Sonettdefinition beobachten. Insbesondere der Begriff der ‚inneren Form' bot sich für Ausweitungen und Flexibilisierungsstrategien an, wollte man die neueren Texte nicht samt und sonders ausschließen und dennoch an einem einheitlichen und trennscharfen Sonett-Konzept festhalten.

Schindelbeck versucht daher, das Sonett des zwanzigsten Jahrhunderts von bestimmten strukturellen Momenten her zu fassen: „Das Sonett als reines Reimgedicht scheint im 20. Jahrhundert keine Garantie mehr für die Erhaltung der Gattungssubstanz zu gewährleisten, dies müssen mehr und mehr die ‚inneren', und das heißt, die strukturellen Momente leisten."[14] Er greift dazu auf Hugo Friedrichs Bestimmung des Sonetts als ‚lyrischer Syllogismus' zurück und integriert diese in eine Konzeption des Sonetts als ‚kybernetisches Modell':

> Das Sonett als lyrischer Syllogismus kommt einer poetischen Methode gleich, die Aussagen formt und an einen bestimmten Lösungspunkt bringt. Es arbeitet als methodisches Gedicht zwischen verschiedenen Spannungszuständen und vermag aufgrund seiner methodischen Vollständigkeit (eben zu verschiedensten Bewegungsabläufen disponiert zu sein, ohne das Ziel aus den Augen zu verlieren) ein hohes Quantum an Leistung innerhalb eines begrenzten Rahmens zu bringen.[15]

Diese recht allgemeine Bestimmung, die vor allem auf die Vorgegebenheit und Absehbarkeit des Gedichtschlusses und die daraus sich ergebenden Konsequenzen und Möglichkeiten abhebt, erlaubt es Schindelbeck nicht nur, sehr unterschiedliche Realisierungen seinem Konzept zuzuordnen, sondern auch, die stärker von der Tradition abweichenden Texte nachgerade als die ‚besseren' Sonette erscheinen zu lassen. Er kommt zu folgender Einteilung der zeitgenössischen Sonettistik:

---

[14] Schindelbeck (1988), S. 21.

[15] Ebd., S. 17.

> Es lassen sich drei Entwicklungsstränge sonettischen Formgebrauchs im 20. Jahrhundert aufzeigen:
> 1.) der *konservative Formgebrauch* im unreflektierten Glauben an die allzeitige Gültigkeit der (festen Schlegel-)Form,
> 2.) der *kritische Formgebrauch,* der die sonettische Formverfassung satirisch nutzt, das Formsystem kritisch versteht,
> 3.) der *ingenieuse Formgebrauch,* der mit dem Formsystem arbeitet und ihm neue Aktualität und Wirkungsmöglichkeiten durch Anverwandlung geben will.[16]

Unter 1.) fällt demnach vor allem die unmittelbare Nachkriegssonettistik, unter 2.) die Sonettparodien der sechziger und siebziger Jahre, unter 3.) neben anderem die Wiederaufnahme der strengen Form in den achtziger Jahren bei Autoren wie Ulla Hahn, Wolf Wondratschek und Karl Krolow. Schindelbecks Wortwahl (‚konservativer', ‚kritischer' und ‚ingeniöser Formgebrauch') zeigt, daß er von einem Prototyp der Form für den deutschen Sprachraum ausgeht, der in der Petrarca-Schlegel-Linie zu suchen ist, und verschiedene Varianten des Umgangs mit diesem Prototyp der Kategorie ‚Sonett' zurechnet. Notwendige Bedingung für die Kategorisierung als Sonett ist die prozessuale Struktur, die als ‚kybernetisch' oder ‚syllogistisch' beschrieben wird, als geordneter und in der Erstreckung beschränkter Übergang zwischen gegensätzlichen Zuständen. Es handelt sich also um eine stark abstrahierte Version des Konzepts der ‚inneren Form', die eine große Variationsbreite auf der Ebene der ‚äußeren Form' zuläßt.

Noch weiter geht Erika Greber, die in ihrem komparatistischen Ansatz die ‚kombinatorische Textur des Sonetts' in einer Reihe von Thesen aufzuzeigen versucht.

> *1.* Das Sonett ist nicht lediglich eine paradoxerweise stark variierte feste Form, sondern eine eigentlich un-feste Form. Weiter zugespitzt als oxymorales Postulat formuliert: die *Gattungs-Invariante des Sonetts* ist seine *Varianz.* [...]

---

[16] Ebd., S. 46.

> 2. Die Grundthese, daß das Sonett die Variabilität per se darstellt, führt zu einer weiteren: Das Sonett ist eine *genuin kombinatorische Form;* es gründet auf Reimpermutation, Zahlenproportionalität und Spiel. [...]
> 3. Die anerkannten konstitutiven Grundaspekte des Sonetts - Vierzehnzeiligkeit und Reimwechselmuster - erscheinen im Lichte der Kombinationskunst als Ausprägungen allgemeiner Prinzipien der *Zahlenkomposition und Reimpermutation.*[17]

Daraus folgt, daß „das Sonett prinzipiell den Index des *Ludistischen*" hat und „daß alle die Sonettformen, die als exzentrische, kuriose, experimentelle Spielformen gelten, stringent zum Gattungs*zentrum* gehören."[18] Anders gesagt, die Metaphorik von Zentrum und Peripherie ist selbst unangemessen, es gibt keinen Prototypen des Sonetts.

> Eigentlich wird sogar die Unterscheidung von Zentrum und Exzentrik als solche unter einer kombinatorischen Perspektive obsolet. / Für die Kombinatorik-These spricht somit ganz schlicht schon der Gesichtspunkt der Erklärungsmächtigkeit: sie kann sämtliche historischen Erscheinungen erklären und muß nichts als Ausnahme, Abweichung, Aberration, Entartung, Rebarbarisierung (und was dergleichen tatsächlich verwendete Ausdrücke mehr sind) kennzeichnen. In diesem Ansatz kann man ohne Schwierigkeiten auch den Wechsel zwischen klassizistisch-regelhaften und preziös-manieristischen Sonettvarianten unterbringen.[19]

Nun ist es sicher richtig, daß eine derart umfassende und weite Gattungskonzeption die Inklusion aller historischen Varianten verspricht. Probleme scheint eher die Exklusion nicht-zugehöriger Fälle und die Unterscheidung von anderen Gattungen zu machen, denn Varianz und

---

[17] Greber (1994), S. 60. Eine ähnliche Tendenz, allerdings bei weitem noch nicht so radikal, findet sich zuvor bei Clive Scott: „the sonnet's unprejudiced, hybrid nature may be precisely what is peculiar to it. The sonnet not only communicates forms, it communicates between forms, and it communicates between different forms of itself." (Clive Scott: The Limits of the Sonnet: Towards a Proper Contemporary Approach. In: Revue de Littérature Comparée 50 [1976], S. 237-250).

[18] Greber (1994), S. 62.

[19] Ebd., S. 63.

Kombinatorik sind ja nicht sonett-spezifisch. Greber selbst weist auf die kombinatorischen Züge von orientalischen Formen wie dem Ghasel oder anderen romanischen wie der Kanzone hin.[20] Behauptet man eine besondere Steigerung und Dominanz des Kombinatorischen im Sonett, wie Greber dies zu tun scheint, so könnte darin zwar ein Unterscheidungskriterium zu anderen Formen liegen, aber es wird dann unplausibel, die Fälle von ausgesprochen geringer Kombinatorik, die es eben auch gibt, noch als Sonette anzusprechen. Allerdings spricht für Greber, daß sie eine Fülle von Erscheinungen aus unterschiedlichen europäischen Sprachräumen und historischen Epochen in ihre Konzeption integrieren kann, die der älteren Sonettforschung Probleme bereiten würden, und so Züge in den Vordergrund rückt, die zu Unrecht vernachlässigt wurden. Vor allem aber ist ihr Ansatz erhellend für einen großen Teil der zeitgenössischen Sonettproduktion, in der tatsächlich eine Dominanz des spielerisch-kombinatorischen Elements festzustellen ist.

Schindelbeck und Greber stimmen darin überein, daß sie sich gattungstheoretisch von der traditionellen Sicht des Sonetts als *der* strengen Form entfernen und Texte der Zeit nach 1945 in den Blick nehmen, die ansonsten mehr oder weniger als Abweichungen von der Form und als Randphänomene in einer Gattungsgeschichte des Sonetts erscheinen müßten. Sie korrigieren damit grundsätzlich die vorangehende literaturwissenschaftliche Betrachtungsweise, nach der die neuere Sonettistik sich fast vollständig in korrekte, aber epigonale und uninteressante Sonette und marginalisierte Sonderfälle aufteilte. Allerdings bleibt die analytische Arbeit an diesen Texten bei beiden sehr beschränkt. Schindelbecks Dissertation zerfällt in einen theoretisch-systematischen und einen historisch-analytischen Teil, wobei er in letzterem deutschsprachige Sonette von der Jahrhundertwende bis zu den frühen achtziger Jahren untersucht. Das schließt kurze Analysen zu einem

[20] Ebd., S. 62, Fn. 9.

halben Dutzend nach 1945 schreibender Autoren und ein längeres Kapitel zu Sonetten von Karl Krolow ein. Grebers Beitrag ist konzeptionell ausgerichtet und beschränkt sich auf kurze Hinweise auf Beispiele aus verschiedenen Nationalliteraturen. Allerdings reichen ihre Beispiele bis in die frühen neunziger Jahre hinein. Bei beiden ist die Auswahl einseitig, da Greber die traditionelleren Texte ausblendet und Schindelbeck diejenigen, denen er keine syllogistische Qualität zuschreiben kann. Für eine materiale Untersuchung zum deutschsprachigen Sonett nach dem Ende des Zweiten Weltkriegs bis hin zur Gegenwart bieten beide also nur Hinweise.

Ob eine solche Untersuchung allerdings überhaupt wünschenswert wäre und wovon sie auszugehen hätte, kann nur in einer ersten Sichtung der Sonettproduktion selbst ermittelt werden. Da entsprechend der allgemeinen gesellschaftlichen und literarischen Entwicklung verschiedene Phasen zu unterscheiden und bestimmte historische Bedingungen und Zusammenhänge zu erläutern sind, erscheint eine kursorische diachrone Darstellung unerläßlich. Sie soll die nötige Vororientierung bieten, um anschließend die eher systematisch und funktionsgeschichtlich ausgerichteten Analysen verfolgen und kontextuell zuordnen zu können.

II. Kleine Geschichte des deutschsprachigen Sonetts seit 1945

Die Form des Sonetts war seit 1945 deutlichen konjunkturellen Schwankungen unterworfen. Dabei verläuft die Häufigkeitskurve keineswegs kontinuierlich nach unten, sondern steuert derzeit ein neues Rekordhoch an. Eine Recherche in der Deutschen Bibliothek Frankfurt/M. ergab für den Zeitraum von zwanzig Jahren 1978 bis 1997 die Zahl von 134 über Titel nachweisbarer Sonettsammlungen in Erstveröffentlichungen, mehr als doppelt so viel wie in den zwei Jahrzehnten von 1958 bis 1977 mit 62 Sonettsammlungen. Es ist mithin eine ähnliche Häufigkeit wie im ersten Jahrzehnt nach dem Zweiten Weltkrieg mit seiner Sonett-Hochkonjunktur festzustellen. 1946 bis 1955 waren 67 Einträge zu verzeichnen, davon allein 48 im Jahrfünft 1946 bis 1950. Die durchschnittliche Jahresfrequenz fällt also von fast 10 unmittelbar nach Kriegsende auf etwa 3 in den sechziger und frühen siebziger Jahren, um seit den späten Siebzigern wieder auf etwa 7 zu steigen. Die Zahl von 33 Titeln im Jahrfünft 1993 bis 1997 belegt, daß die Entwicklung anhält. Wir erleben also ein Zeitalter erneuerter ‚Sonettenwut'.

Doch ist die Sonettproduktion der letzten zwanzig Jahre sicher aus vielerlei Gründen nicht mit der der unmittelbaren Nachkriegszeit zu vergleichen, fand sie doch vor einem völlig anderen gesellschaftlichen und literarhistorischen Hintergrund statt. Um so erstaunlicher ist die Übereinstimmung in der Vorliebe für die - anscheinend - gleiche Form. Bevor hier durch die Analyse der Formverwendung in den einzelnen Texten differenziert werden und nach Erklärungen gesucht werden kann, müssen einige allgemeine historische Voraussetzungen erläutert werden. Weder die Form selbst in ihren konkreten Ausprägungen noch ihr Stellenwert sind gleichgeblieben. Beider Veränderungen sind eingebettet in die deutsch-deutsche Gesellschafts- und Literaturgeschichte.

Die Sonettistik der unmittelbaren Nachkriegszeit ist grundsätzlich vor dem Hintergrund der Zeit des Nationalsozialismus und des Zweiten Weltkriegs zu sehen. In verschiedener Weise, sei es als Aufarbeitung, sei es als Verdrängung, stellt sie eine Reaktion auf diese Geschehnisse dar. Darüber hinaus gibt es jedoch mancherlei Kontinuitäten, zum einen bei den Autoren des Exils und der inneren Emigration, deren Werke teilweise nun erst einer breiteren Öffentlichkeit zugänglich wurden, zum anderen aber auch, das sollte nicht vergessen werden, durch die Fortführung der nationalsozialistischen Sonettdichtung in rechtsextremen Kreisen, die zunächst in den Untergrund abgedrängt wurde, sich aber bald auch wieder offener präsentierte.[21] Die Haltung der Nazis selbst zum Sonett war gespalten gewesen.[22] Es gab zweifellos die Auffassung, das Sonett sei „une forme héritée des langues romanes, *a priori* donc incompatible avec le génie germanique habité plutôt par les brumes du Nord."[23] Cornelia Jungrichter hat jedoch gezeigt, daß das Sonett eine wichtige Rolle bei der Vermittlung nationalsozialistischer Ideologie gespielt hat und daß die ‚Strenge' der Form als hierfür besonders adäquat angesehen werden konnte.

---

[21] Vgl. Cornelia Jungrichter: Ideologie und Tradition. Studien zur nationalsozialistischen Sonettdichtung. Bonn 1979, S. 186-198; Jungrichter zeigt die Fortführung der NS-Sonettistik in personeller Kontinuität bei Gerhard Schuhmann (Gerhard Schumann: Die große Prüfung. Neue Gedichte. Mannheim 1953), der auch anderen rechtsextremen Autoren in seinem Hohenstaufen-Verlag eine Plattform bietet. Seine eigene Sonettproduktion hat er noch in den achtziger Jahren mit einem Sonettenkranz ‚Das Wort Sonettenkranz. Josef Weinheber gewidmet' fortgesetzt (Gerhard Schumann: Herbstliche Ernte. Gedichte. Berg u. Bodman 1986, S. 113-126). Als Beispiel für den nachwachsenden Neofaschismus untersucht Jungrichter Texte aus dem Band von Wolfdietrich Panther: Es hängt mein eigner nackter Leib zerteilt am Kreuz der Welt. 36 Sonette. München 1976.

[22] Vgl. Jungrichter (1979), S. 25-41.

[23] Gérard Imhof: Le sonnet, une autre forme de résistance. In: CÉGerm 25 (1993), S. 165-174, hier S. 166.

> Zunächst ist davon auszugehen, daß [...] ein traditioneller Gedichttypus insofern als relevanter Faktor im Rezeptionsprozeß betrachtet werden muß, als er in seiner Eindeutigkeit bereits einer kritischen Reflexion des Lesers entgegenwirken kann. Hinzu kommt beim Sonett, daß seine Spezifika die euphemistischen Intentionen massiv zu unterstützen vermögen, indem sie in unmißverständlicher Weise die ideologische Textaussage akzentuieren und somit nicht auf differenzierte Aufnahme-, Bewertungs- und Nutzungsmöglichkeiten des Rezipienten abzielen.[24]

Auf der anderen Seite wurde das Sonett von Exilanten und inneren Emigranten genutzt, um ihrer Berufung auf das ‚andere' Deutschland, auf die deutsche Kultur und ihre Tradition die passende Form zu geben. In der 1946 erschienenen Anthologie ‚De profundis' etwa, die die Autoren der inneren Emigration versammelt, finden sich Sonette von Werner Bergengruen, Georg Britting, Kasimir Edschmid, Karl Wilhelm Eigenbrodt, Rudolf Hagelstange, Albrecht Haushofer, Manfred Hausmann, Marie Luise Kaschnitz, Friedhelm Kemp, Horst Lange, Wilhelm Lehmann, Dagmar Nick, Wolf von Niebelschütz, Ernst Penzoldt, Heinz-Winfried Sabais, Thassilo von Scheffer, Friedrich Schnack, Reinhold Schneider, Hans Schweikart und Dorothea Taeger.[25] *Eine* Erklärung für die Attraktivität der Form kann man sicher in dem Symbolwert sehen, der ihr selbst offenbar zugeschrieben wurde. So heißt es noch im Vorwort zu einer erst 1977 erschienenen Sammlung von etwa 120 Sonetten, die in einem sowjetischen Kriegsgefangenenlager entstanden sind, daß es dem Autor „nicht zuerst und nicht so sehr um hohe Poesie ging, sondern um die Ortung unverrückbarer Standpunkte in einer zusammenbrechenden Welt. [... Die Sonette wurden] zu einem von der Lagergemeinschaft dankbar empfangenen Zeugnis unerschütterlicher deut-

---

[24] Jungrichter (1979), S. 162.

[25] De profundis. Deutsche Lyrik in dieser Zeit. Eine Anthologie aus zwölf Jahren. Hg. v. Gunter Groll. München 1946.

scher Geistgläubigkeit."[26] Wie problematisch eine solche Erwartung an das Sonett und auch die ‚unerschütterliche deutsche Geistgläubigkeit' selbst sind, bedarf sicher keiner Erläuterung, aber es muß als Faktum festgehalten werden, daß dem Sonett eine solche Leistung zugeschrieben wurde.

Insbesondere für die Darstellung der Aufspaltung in ein ‚gutes' und ein ‚böses' Deutschland schien das Sonett die geeignete dialektische Struktur zu bieten. Die im Sonett ‚erarbeitete' Lösung konnte die nationale Versöhnung im Zeichen christlich verstandener Gnade sein, die den verlorenen Seelenfrieden wieder herstellen sollte. „Der Seele Frieden wurde uns genommen, / Nun sich die Wütenden vermengt den Frommen." Dieses Nebeneinander von Tätern und Opfern, Regimetreuen und -gegnern wurde als ‚Selbstentzweiung' verstanden: „Am Ende kein Geschlecht trug tiefres Leid. / Wer hat uns Arme mit uns selbst entzweit?" Und daraus konnte man die Folgerung ziehen, daß die ‚Wahrheit' die Spaltung nur noch vertiefen würde: „Doch dürfen wir die Wahrheit nicht bedenken. / Erlösung kann uns nur die Gnade schenken."[27] Gerade in einem christlichen Bewußtsein, das in den „Erdendinge[n] in der Zeit" noch „Sinnzeichen" sehen wollte, schien die Welt derart zerfallen, daß ein Rückgriff auf geradezu barocken Ausdruck von Gegensätzlichkeit und ‚memento mori' nahelag:

> Der Welt Paläste gleichen Totenschreinen;
> Denn die dort wohnten, zu den Toten gingen,
> Was heut noch lebt, wird bald sein Opfer bringen,
> Und was noch steht, zerfällt zu morschen Steinen.[28]

---

[26] Robert Hampel: Morschansker Sonette. Hungerlyrik 1945. Wien 1977, S. 2 (Vorwort von Fritz Stüber).

[27] Wilhelm Tidemann: Sonette eines Deutschen. Bremen u. Hannover 1946, S. 9, 10 u. 26.

[28] Christine Ständer: Sinnzeichen. Sonette. Warendorf/Westf. 1946, S. 5 u. 48.

In ungleich reflektierterer Art und Weise findet man den Bezug auf das Barock auch bei Johannes R. Becher:

Tränen des Vaterlandes
Anno 1937

1

O Deutschland! Sagt, was habt aus Deutschland ihr gemacht?
Ein Deutschland stark und frei? Ein Deutschland hoch in
Ehren?
Ein Deutschland, drin das Volk sein Hab und Gut kann
mehren,
auf aller Wohlergehn ist jedermann bedacht?

Erinnerst du dich noch des Rufs: ‚Deutschland erwacht!'?
Als würden sie dich bald mit Gaben reich bescheren,
so nahmen sie dich ein, die heute dich verheeren.
Geschlagen bist du mehr denn je in einer Schlacht.

Dein Herz ist eingeschrumpft. Dein Denken ist mißraten.
Dein Wort ward Lug und Trug. Was ist noch wahr und echt?
Was Lüge noch verdeckt, entblößt sich in den Taten:

Die Peitsche hebt zum Schlag ein irrer Folterknecht,
der Henker wischt das Blut von seines Beiles Schneide. -
O wieviel neues Leid zu all dem alten Leide!

2

Du mächtig deutscher Klang: Bachs Fugen und Kantaten!
Du zartes Himmelsblau, von Grünewald gemalt!
Du Hymne Hölderlins, die feierlich uns strahlt!
O Farbe, Klang und Wort: geschändet und verraten!

Gelang es euch noch nicht, auch die Natur zu morden?
Ziehn Neckar und der Rhein noch immer ihren Lauf?
Du Spielplatz meiner Kindheit: wer spielt wohl heut darauf?
Schwarzwald und Bodensee, was ist aus euch geworden?

> Das vierte Jahr bricht an. Um Deutschland zu beweinen,
> stehn uns der Tränen nicht genügend zu Gebot,
> da sich der Tränen Lauf in so viel Blut verliert.
>
> Drum, Tränen, haltet still! Laßt uns den Haß vereinen,
> bis stark wir sind, zu künden: „Zu Ende mit der Not!"
> Dann, Farbe, Klang und Wort, glänzt dröhnt und jubiliert! [29]

Wird schon im ersten Teil durch Form und Titelzitat die Verbindung zu Gryphius und damit einem der Großen der deutschen Literatur hergestellt, so wird das im zweiten Teil noch durch thematisches Aufgreifen deutscher Kultur und Landschaft ergänzt. Die deutsche Kulturnation soll den Rückhalt bilden, der zum Widerstehen gebraucht wird.

Bei den meisten Sonetten der unmittelbaren Nachkriegszeit ist eine mehr oder weniger starke christliche Tönung zu finden, auch bei denen, die vornehmlich Liebesdichtung sind. Die traditionelle Form ging hier Hand in Hand mit einem überkommenen Weltbild, zu dem man Zuflucht nahm. Anzeichen dafür finden sich selbst in den weniger kompromißbereiten Texten, die noch während der Nazizeit entstanden und in Widerstandskreisen zirkulierten. Im Geleitwort zu Hans von Hülsens Sonettsammlung ‚Gerichtstag' stellt Joseph Gregor heraus, wie offen in ihr der Haß auf das Regime zum Ausdruck kommt.

> Dennoch aber ist nichts so stark, als daß es hier nicht in die ebenmäßigste, glatteste Form: ins Sonett gebändigt würde! Gerade diese Spannung von Inhalt und Form scheint mir, noch über alles packend Gegenständliche, ja, über die Gewalt des beleidigten Gefühls hinaus, den solitären Wert dieser Gedichte zu verbürgen.[30]

---

[29] Johannes R. Becher: Wiedergeburt. Buch der Sonette. Leipzig 1947, S. 38f.; vgl. ‚An die Dichter des ersten dreißigjährigen Krieges' und ‚Wir Dichter des zweiten dreißigjährigen Krieges' (S. 68f.).

[30] Hans von Hülsen: Gerichtstag. Sonette aus dieser Zeit. Mit einem Geleitwort von Joseph Gregor. Hamburg 1947, S. 7f.

Die Sonette, vor allem der Zyklus ‚Satanas', zeigen großenteils eine quasi rituelle Beschimpfung des ‚Dämons' Hitler, auch mit Aufrufen zur Tat: „Zum Messer greift! Jetzt gilt nur die beherzte / Tat eines Volks, das sich im Sturm erhebet!"[31] Dennoch ist auch diese Dämonisierung Hitlers offensichtlich religiösem Denken verpflichtet und dient eher dazu, sich von dem Unbegreiflichen ein Bild zu machen und es einzuordnen, als operativ gegen es vorzugehen.[32]

Komplexer ist der Umgang mit den religiösen Bezügen in dem folgenden Sonett von Martin Beheim-Schwarzenbach, das einer Karikatur von NS-Größen, unter ihnen Hitler, gegenübersteht:

> Lobet den Haß, den glühenden Atem der Erde!
> Kommet zuhauf,
> rufts in den Himmel hinauf,
> daß euch Gerechtigkeit werde.
>
> Öffnet das Herz den Broten und öffnets den Steinen.
> Hasset den Mann,
> der euch all dies angetan,
> hasset mit ihm auch die Seinen.
>
> Zu seiner Zeit
> wird es euch alles gewogen,
> nur um das eine Recht werdet nimmer betrogen:
>
> Lobet das Recht, den Haß am ärgsten zu hassen!
> Da seid bereit,
> und ihr seid nimmer verlassen.[33]

---

[31] Ebd., S. 70.

[32] Vgl. Wolfgang Petzet: Die Sonette des Satans. Starnberg 1947; 12 der 14 Sonette beginnen mit „Der Satan [Hitler] spricht".

[33] Martin Beheim-Schwarzenbach: Führer sehen Dich an. Sonette und Porträts. Worms 1975, S. 17; Lizenz der Ausgabe Hilversum u. Selva 1973, der ersten Veröffentlichung nach einem Privatdruck London 1941.

Die Aufnahme und Abwandlung von ‚Lobet den Herrn', die an Brechts ‚Großen Dankchoral' erinnert, erzeugt nicht nur eine Spannung zwischen Sonettform und hymnischem Kirchenlied, die im Bruch der Isometrie der Verszeilen sehr anschaulich wird, sie macht auch den Widerspruch zwischen christlicher Vergebung und Lob des Hasses offensichtlich. Hier wird keineswegs ein vertrautes Weltbild aufgegriffen, stimmig gestaltet und als Stütze herangezogen, sondern dem Leser eine dialektische Gedankenoperation abverlangt, die im ‚Recht auf das Hassen des Hasses' ihren verdichteten Ausdruck findet. Das Sonett pointiert das Ergebnis dieses Denkprozesses im zweiten Terzett, indem es suggeriert, daß man sehr leicht ‚verlassen' ist, wenn man sich statt solchen Nachdenkens einfach auf christliches Wohlmeinen ‚verläßt'.

Die Form des Sonetts hat Signalfunktion, sie soll auch einen inhaltlich-interpretatorischen Rahmen vorgeben, wobei es zu der scheinbar paradoxen Situation kommt, daß in verschiedenen Milieus diese allgemeine Orientierung ganz unterschiedliche Vorzeichen hat. Sowohl vor als auch nach 1945 konnte das Sonett einerseits für Humanismus, andererseits aber auch für rechtsextreme Vorstellungen von Zucht und Ordnung stehen.[34] In der weiteren Entwicklung ändern sich diese Wertungen ohnedies, da das Sonett gerade den politisch Progressiven bald nicht mehr als Inbegriff von positiv bewerteter Kultur und Menschlichkeit, sondern fast als das Gegenteil gilt.

> So ist schon mit der Wahl der Sonettform nicht nur ein Rahmen gesetzt, auch ein Indikator gegeben: Ist in der BRD seit den frühen 60er Jahren Sonettieren verdächtig, ein poetisches Zwangssystem zu sein, in dem die Festschreibung vollendeter Harmoniegesetze sich in der poetischen Praxis nur als Deformation des Inhalts zeige, das sich allenfalls noch im ironisch-satirischen Sinne gebrauchen lasse, also negative Tradition

[34] „Die Karriere des Sonetts als der zentralen Form sowohl im Dritten Reich wie im Exil liegt in seiner formalen Leistung begründet, eine verpflichtende Ordnung wiederzugeben, was natürlich auf beiden Seiten sehr verschieden ausgelegt wurde." (Barner [1994], S. 201f.)

> darstelle, so schien genau dies, nämlich die Wahl der Form als solcher kurz nach dem Zweiten Weltkrieg das entgegengesetzte [sic] zu leisten: Eröffnung der alten, am klassischen Erbe deutscher Dichtung orientierten Traditionslinie. [...] Das Sonett bot sozusagen den ersten Grundriß geistiger Aufbauarbeit im lyrischen Bereich an.[35]

Ohne die tiefgreifenden Unterschiede der Personen und der politischen Umstände einebnen zu wollen, muß man doch feststellen, daß dieser Gebrauch der Form zur Bestätigung des Inhalts viele Sonette der inneren Emigration und des Exils mit solchen der späten vierziger und der fünfziger Jahre aus der BRD, aber auch aus der DDR verbindet. Reinhold Schneider wäre hier etwa zu nennen. Seine Sonette zirkulierten während des ‚Dritten Reichs' fast nur unter Bekannten und in kirchennahen Kreisen. Von 1945 bis 1948 veröffentlichte er dann mehrere Sonettbände und schließlich 1954 eine umfangreiche Sammlung. Zu seinen Sonetten bemerkt Schindelbeck:

> Seine [des Sonetts] Abgeschlossenheit und Gliederungsneigung kommen der realen Situation, wie sie durch äußere und/oder innere Emigration erzeugt werden, sehr entgegen. Dazu kommt der finale Zug einer sprachlichen Lösung, wo die Wirklichkeit (vorläufig) ungelöst bleiben muß. Das Sonett ist das ideale Schutzraumgedicht, seine Ordnungsfiguren die ideale Gedichtform für jede Art von Kompensation. Es verwandelt reale Ohnmacht in sprachliche Macht, es ‚siegt' allemal, weil sein syllogistischer Zug es gewissermaßen zum Sieg verpflichtet, oder, bescheidener gesprochen, es ist d a s *Ergebnis-Gedicht.*[36]

Zuweilen wird zwar in den Sonetten Schneiders die Kraft und der Primat der Form in Frage gestellt, was ja im übrigen ein Topos der Sonetttradition ist, aber dies geschieht nur auf der diskursiven Ebene und schlägt nicht auf die poetische Gestaltung durch, die überaus konservativ bleibt, wie in dieser 1946 entstandenen Anrufung Gottes und des von ihm gesandten emotionalen und inspiratorischen ‚Sturms':

---

[35] Schindelbeck (1988), S. 39.

[36] Ebd., S. 53.

Laß mich nicht sinken, laß die Seele nicht
Im Schmerz ermatten, nicht die dumpfe Haft
Der Krankheit brechen letzte Glaubenskraft
Und nicht in Klagen enden mein Gedicht!

Gewähre unbefleckte Zuversicht,
Des Herzens Macht, des Geistes Leidenschaft,
Der sich aus Leiden reinste Bilder schafft
Und dankt und feiert, wenn die Form zerbricht!

Laß alle Schmerzen innig sich durchdringen,
Den Staub zu läutern, eh den Geist er beugt!
Geduld ist alles, die am Feuer wacht.

In schweren Nächten wachsen zage Schwingen;
Gewähre mir den Sturm, der Dich bezeugt
Und überrascht und fortreißt in der Nacht! [37]

In der DDR war in der Anfangszeit die große Autorität auf dem Gebiet des Sonetts sicherlich ihr erster Kulturminister Johannes R. Becher, der nicht nur peinliche Lobsonette auf Stalin oder Ulbricht geschrieben hat, sondern auch bei unverfänglicheren Themen meist einen ausgeprägten formalen Konservatismus an den Tag legt. Das folgende Beispiel ist von einer geradezu schulmäßigen Dialektik durchdrungen.

Größe und Elend

Wie groß er ist: der Mensch! Und wie allmächtig
Erhebt er sich bis in die Stratosphäre.
Und Werke, wahrheitstief und farbenprächtig,
Hat er vollbracht! Dem Menschen Ruhm und Ehre!

Wie elend ist der Mensch! Wie schwach und schmächtig!
Wieviel an Irrtum und an falscher Lehre!
Wie nichtig ist er und wie niederträchtig!
Und kein Verbrechen, das zu schwer ihm wäre!

---

[37] Reinhold Schneider: Gesammelte Werke. Hg. v. Edwin Maria Landau. Bd. 5. Lyrik. Hg. v. Christoph Perels. Frankfurt/M. 1981, S. 178.

Wie hoffnungslos! Wie überlebensgroß!
Ein Wesen, das in sich vereint und trennt
Das menschlich Gute und das menschlich Böse.

Vollendet sich und - sagt sich von sich los.
Seht, welch ein Wesen, das in sich erkennt:
Des Menschen Elend und des Menschen Größe.[38]

Doch Becher hat in seinem ‚Holzhaus'-Zyklus auch ungereimte Vierzehnzeiler in Blankversen geschrieben, von denen aus sich Traditionslinien zur weiteren Entwicklung des reimlosen Sonetts in der DDR-Literatur ziehen lassen.[39] Und daneben gibt es in dieser ersten Hochphase des Sonetts schon Formexperimente und sehr eigentümliche Ausprägungen, etwa bei Erich Arendt oder Jesse Thoor.[40] Auch die Produktion der weniger bekannten Autoren, der Dilettanten und Hobby-Dichter, bewegt sich nicht nur in konventionellen Bahnen, wie das folgende Beispiel zeigt, das in die Kategorie der minimalistischen Formrealisierungen gehört:

Ältelt
Hirn,
fältelt
Stirn.

Seele
leiser,
Kehle
heiser.

---

[38] Johannes R. Becher: Gesammelte Werke. Hg. v. Johannes-R.-Becher-Archiv der Akademie der Künste der DDR. Bd. 6. Gedichte 1949-1958. Berlin u. Weimar 1973, S. 330.

[39] In: J. R. Becher: Sternbilder auf Erden. Berlin-Ost 1955; s. Schindelbeck (1988), S. 140-145; zum Einfluß etwa auf Karl Mickels ‚Deutsche Frau 46' s. ebd., S. 145f.

[40] S. Schindelbeck (1988), S. 137-139 u. S. 147-153.

Werben
umkreist
Sterben.

Dichter
speist
Gelichter.[41]

Jesse Thoor entfernt sich durch Verweigerung konstitutiver Formelemente schon sehr weit von der Form, wobei der Bezug zur Form und ihrer Tradition jedoch eher intensiviert wird. So sind etwa Auslassungen einer oder mehrerer Verszeilen oder gar einer ganzen Strophe, die bei ihm vorkommen, ja nur dann als solche und in der Folge interpretierend als ,Schweigen', ,Verstummen' usw. aufzufassen, wenn das formale Muster als deutlicher Bezugspunkt vorausgesetzt wird, wie etwa das folgende Beispiel zeigt.

Rede von der Würdigung

Und es leiht der allmächtige Vater seine Augen jeder Kreatur.
Und er verteilt unter den Tieren Gefieder, Fell, Magen und Gelenke.
Und er hält nicht still, und er pflanzt die Bäume in den Sand.
Und er füllt den Raum, und er bindet den Regen, er bewegt den Wind.

Und er stellt die Zeit auf über den Wolken und neben der Sonne.
Und er öffnet alle Herzen, daß die Botschaft einziehe mit Freuden.
Und er übergibt den Auserwählten seine Weisheit und seine Kraft.
Und er ruft die Erhabenen herbei zur Beschauung seiner Macht.

– –
– –
Oh, die ihr wach seid ... die ihr trinket das Wasser des Himmels!

---

[41] Jakob Klaesi: Huldigung. Ausgewählte Sonette. Zürich 1947, S. 68; vgl. S. 67; der Text entstammt einer Gruppe von 14 ,Parodien'.

– –

Nicht die Gebeine erschrecken, zerbricht zur Unzeit euer Leib.
Es ist ein Engel des Herrn, der seine Hände bestürzt ausstreckt. [42]

Außer den genannten Autoren haben auch andere einzelne Texte geschrieben, die einerseits einen Bezug zur Sonettform haben, sich andererseits mehr oder weniger weit von ihr entfernen und daher auch gerne zur Erörterung der Frage nach den Grenzen der Formzugehörigkeit herangezogen wurden. Zu diesen Texten gehört Peter Huchels ‚Frühe', zuerst in der Zeitschrift ‚Das innere Reich' I (1934/35) und dann 1948 wieder erschienen,[43] Ingeborg Bachmanns ‚Römisches Nachtbild'[44] von 1956 oder Gedichte von Marie Luise Kaschnitz aus den späten fünfziger und frühen sechziger Jahren.[45] Ein weiteres Beispiel wäre das folgende Gedicht Peter Huchels aus dem Band ‚Chausseen Chausseen' von 1963 mit seinem komplexen und völlig sonettuntypischen Reimschema abcabcdcdceffe.

Sibylle des Sommers

September schleudert die Wabe des Lichts
Weit über die felsigen Gärten aus.
Noch will die Sibylle des Sommers nicht sterben.
Den Fuß im Nebel und starren Gesichts
Bewacht sie das Feuer im laubigen Haus,
Wo Mandelschalen als Urnenscherben
Zersplittert im harten Weggras liegen.
Das Schilfblatt neigt sich, das Wasser zu kerben.
Die Spinnen reisen, die Fäden fliegen.

---

[42] Jesse Thoor: Die Sonette und Lieder. Hg. v. Alfred Marnau. Heidelberg u. Darmstadt 1956, S. 79.

[43] Vgl. Schlütter (1980), S. 521 u. Schindelbeck (1988), S. 154-160.

[44] Vgl. Schlütter (1980), S. 518f. u. Schindelbeck (1988), S. 69-74.

[45] Vgl. Schlütter (1980), S. 517f.

Noch will die Sibylle des Sommers nicht sterben.
Sie knotet ihr Haar in den Bäumen fest.
Die Feige leuchtet in klaffender Fäule.
Und weiß und rund wie das Ei der Eule
Glänzt abends der Mond im dünnen Geäst.[46]

Neben solchen Texten, die die traditionelle Form in Richtung eines differenzierten und die Lesbarkeit eher erschwerenden Umgangs mit formalen Möglichkeiten überschreiten, gibt es jedoch mit Stephan Hermlins Sonetten ‚Die Vögel und der Test' und ‚Die Milch', beide von 1957, auch schon Vorläufer des ‚engagierten Sonetts' der sechziger Jahre.[47] Hier wird die Form weder sehr differenziert noch sehr streng, sondern eher als unauffälliges, weil bekanntes und eingespieltes Instrument zur Vermittlung eines Inhalts eingesetzt.[48] Ähnlich, wenn auch strenger in der Ausführung, ist Günter Kunerts ‚Der Schatten' von 1963 angelegt oder auch das außergewöhnliche Zwiegespräch in Sonetten zwischen Christoph Meckel und Volker von Törne ‚Die Dummheit liefert uns ans Messer' von 1967.[49] Allerdings fehlt bei Hermlin, Kunert, Meckel und Törne jeder Affekt gegen die Form, der in der politischen Sonettistik für eine gewisse Zeit bestimmend werden sollte. Heiner Müllers ‚Stellasonett' richtet sich zwar kritisch gegen etabliertes Bildungsgut, benutzt dafür die Sonettform aber, wenngleich in betont lässiger Weise, ohne sie dezidiert in diese Kritik einzubeziehen:

---

[46] Peter Huchel: Ausgewählte Gedichte. Frankfurt/M. 1973, S. 60.

[47] Stephan Hermlin: Gedichte und Nachdichtungen. Berlin u. Weimar 1990, S. 115f.

[48] Vgl. Schlütter (1976), S. 214.

[49] Günter Kunert: Erinnerungen an einen Planeten. Gedichte aus fünfzehn Jahren. München 1963, S. 60; Volker von Törne: Im Lande Vogelfrei. Gesammelte Gedichte. Berlin 1981, S. 81-88; vgl. Schlütter (1976), S. 215 u. 212f.

> Fünf Akte lang, geehrtes Publikum
> Haben Sie zugeschaut, wir hoffen, gern
> Wie sich zwei Damen drehn um einen Herrn
> Bis endlich eins aus drei wird, grad aus krumm
> Durch Liebe. Wen das Resultat geniert
> Wird auch bedient: Weil schön ist, was sein muß
> Schrieb Herr von Goethe einen andern Schluß
> Den, wie gewohnt, das Einmaleins regiert.
> Was Liebe kann: drei Herzen glühn in eins
> Kann Gift und Blei vermittels Subtraktion
> Mit Schrecken triumphiert der gute Ton
> Denn Zahl sticht Herz, das Reich des schönen Scheins
> Hat keinen Grund in einem Bürgerhaus
> Beruhigt auf zwei Tote schneit Applaus.[50]

Die allgemeine Tendenz ging in den sechziger und frühen siebziger Jahren jedoch dahin, das Sonett zum Mittel *und* Gegenstand sozialer Kritik zu machen.

> Es ist bezeichnend, daß der ‚engagierte Sonettismus der 60er Jahre' in der BRD eine tendenziell negative Einstellung zur Form hatte. Wollte die unmittelbare Nachkriegssonettistik Weltbilder stabilisieren, ‚gute' Tradition per wohlproportioniertem System fortführend über den Krieg hinaus retten in eine neue humanere Zeitepoche, so wird in den 60er Jahren das sonettische System vielen Autoren höchst verdächtig. Sie halten es nicht nur für historisch überlebt, sondern vor allem nicht mehr für geeignet, positive Strukturen zu leisten. Sie behandeln es deswegen meist mit kritischer Distanz. Dies äußert sich [...] in zwei Hauptstrategien der Formrealisation:
> 1.) Das Sonett wird möglichst als starres (und vor allem metrisches) System aufgefaßt. Man orientiert sich nicht an Rilke, sondern an Schlegel und am konservativen Modell. Der Endekasyllabus (Blankvers) bleibt der tragende Vers.

[50] Heiner Müller: Gedichte. Berlin 1992, S. 63; ähnlich verhält es sich mit dem Sonett ‚Über Chamissos Gedicht >>Die alte Waschfrau<<' (ebd., S. 19); dem ‚Stellasonett' eng verwandt ist Yaak Karsunkes ‚simples sonett auf Torquato Tasso', in: Y. K.: reden & ausreden. Neununddreißig Gedichte. Berlin 1969, S. 40.

2.) Die selbstreflexive Kraft der sonettischen Ablauffigur wird im kritischen Sinne genutzt. Die Wohlproportion der Form wird dissonant gehandhabt und vorgeführt bis hin zu selbstentlarvenden Karikatur.[51]

Als Beispiel können Klaus Stillers ‚Sonette über Mietverhältnisse' dienen, zuerst 1969 in der Zeitschrift ‚Kürbiskern' erschienen:

Mieter als Vermieter

Die Mieter mieten große Wohnungen
und nehmen Untermieter mit herein.
Sie sagen: Unsre Miete ist so hoch,
daß wir allein sie nicht bezahlen können.

Die Untermieter zahlen mehr als viel
damit die Mieter sich entlasten können.
In jedem Fall erreicht der Mietbetrag
die Tasche und den Bauch des Hauptvermieters.

Die Mieter, wo sie Untermieter nehmen,
erklären ihre Handlungsweise damit,
daß das System sie zwinge, so zu handeln.

Die Untermieter lehnen ein System ab,
das Mieter in Vermieter transformiert
und unterdrückend Unterdrücker produziert.[52]

Hier ist hinsichtlich Thematik und Sprachebene die Diskrepanz zum bis dato im Sonett Üblichen so groß, daß die Kombination mit der Form allein schon parodistisch wirkt. Ähnliches gilt für Frank Geerks politische und erotische Sonette, die betont auf den Tabubruch setzen.[53] Da-

---

[51] Schindelbeck (1988), S. 163.

[52] In: Lesebuch. Deutsche Literatur der sechziger Jahre. Hg. v. Klaus Wagenbach. Berlin 1972, S. 81; vgl. Schlütter (1976), S. 218 u. Schindelbeck (1988), S. 161-163.

[53] Frank Geerk: Notwehr. 77 Gedichte 1968 - 1974. Köln 1975.

mit nähern sich diese Sonette offensichtlichen Formparodien der späten sechziger und frühen siebziger Jahre wie der Ernst Jandls von 1967:

sonett
sonett
sonett
sonett

sonett
sonett
sonett
sonett

sonett
sonett
sonett

sonett
sonett
sonett[54]

Eine ähnliche Reduktion des Sonetts auf ein minimales und völlig inhaltsleeres formales Schema vollzieht, nur im größeren Rahmen des Sonettenkranzes, Gerhard Rühm mit seinen ‚Dokumentarischen Sonetten' von 1970.[55] „Hat die prosaische Diktion Klaus Stillers, hat die perfekte Parodie Gerhard Rühms diese Form erledigt, ist das politische Sonett im Visier gestorben? Es sieht so aus, in der Bundesrepublik jedenfalls."[56]

---

[54] Ernst Jandl: übung mit buben. serienfuss. wischen möchten. Poetische Werke Bd. 6. Hg. v. Klaus Siblewski. München 1997, S. 91.

[55] Gerhard Rühm: Gesammelte Gedichte und visuelle Texte. Reinbek 1970, S. 297-313; vgl. Schlütter (1976), S. 218-220.

[56] Schlütter (1976), S. 220.

In der DDR wurde das Sonett nie wie in der BRD in Frage gestellt.[57] Es erlebte vielmehr gerade in den sechziger Jahren bei den in den dreißiger Jahren geborenen Autoren der sogenannten ‚sächsischen Schule' einen neuen Aufschwung. Vor allem ist hier Karl Mickel zu nennen mit seinem Gedichtband ‚Vita mea nova' von 1966, in dem die überaus freie Behandlung der Form auffällt. Reimlose Sonette stehen neben solchen mit einzelnen Reimen und durchgehend gereimten, die aber nicht unbedingt einem der traditionellen Reimschemata im Sonett entsprechen. Im Vergleich zu dieser Experimentierfreude und Virtuosität bleiben Mickels Kollegen Volker Braun und Rainer Kirsch formal in eher traditionellen Bahnen. Gemeinsam ist ihnen ein Festhalten und Weiterarbeiten an der Form ohne spektakuläre Brüche von den sechziger bis in die achtziger und neunziger Jahre.

Ohne diese spezifische DDR-Tradition in den Blick zu nehmen, konstatiert Schindelbeck zusammenfassend, daß auf die formal konservative Sonettistik der Nachkriegszeit ihre Ablehnung Anfang bis Mitte der sechziger Jahre folgte, das Sonett aber seit Anfang der achtziger Jahre eine Renaissance erlebt.[58] Es wird dabei frei gehandhabt, ohne daß der Bezug zur Tradition aufgegeben würde. Als exemplarisch sieht Schindelbeck den Sonettgebrauch bei Krolow an, den er eingehend analysiert.[59] Nach skeptischem und ironisch getöntem Beginn Ende der siebziger Jahre folgt eine Wende zu einem zugleich freieren und ernsthafteren Umgang, der gewissermaßen das einholt, was man in der DDR-Literatur schon zuvor beobachten konnte.

> Anfangs der 80er Jahre läßt sich eine deutliche Entkrampfung im Verhältnis zum Sonett beobachten: Die Formautorität gilt nicht mehr absolut, im positiven Sinne nicht (daß man ihr die poetische Lösung für jeden Inhalt zutraue), aber auch nicht im negativen Sinne (daß man ihr

[57] Vgl. Schindelbeck (1988), S. 59f.

[58] Ebd., S. 197f.

[59] Ebd., S. 176-196.

> mit äußerstem Argwohn begegne als der unüberbietbaren Inkarnation eines poetischen Zwangssystems).[60]

Gleichzeitig stellt sich bei jüngeren Autoren wie Ulla Hahn und Peter Maiwald ein unbekümmerteres Verhältnis zu älteren Formen und Schreibtraditionen ein, von dem auch das Sonett profitiert. Daneben gibt es Formexperimentatoren der sechziger Jahre wie Ludwig Harig, die das Sonett und andere traditionelle Formen wieder aufnehmen, oder Autoren, die das zuvor Praktizierte fortführen und steigern wie Volker von Törne in seinen Sonettenkränzen ‚Kopfüberhals' von 1979 und ‚Halsüberkopf' von 1980.[61] Zu nennen wäre auch der Sonettzyklus ‚Die Einsamkeit der Männer' (1983) von Wolf Wondratschek, der bis dahin die hohe und betonte Form eher gemieden hatte, oder Franz Josef Czernins experimenteller Sonettenkranz ‚Die Kunst des Sonetts' (1985 u. 1993). Das Anschwellen der Sonettproduktion Anfang der achtziger Jahre in Westdeutschland speist sich also aus höchst unterschiedlichen Quellen.

In der Spätzeit der DDR-Literatur kamen neue Autoren hinzu wie Sascha Anderson, Stefan Döring und Bert Papenfuß-Gorek mit einer gemeinsamen Sonettsammlung, die den politisch wie metapoetisch vieldeutigen Titel ‚Ich fühle mich in Grenzen wohl' (1985) trägt. In den neunziger Jahren erschienen Sonettsammlungen von Klaus Modick (1991), Günter Grass (1993), dem Petrarca-Übersetzer Ernst Jürgen Dreyer (1995 u. 1996), ein Sonettenkranz von Martin Pohl (1995) und schließlich ein kleiner Zyklus von Durs Grünbein (1997), daneben eine Fülle von Einzelveröffentlichungen und von Sammlungen unbekannter Autoren. Dem entspricht eine Vielfalt in der Verwendung und Ausgestaltung der Form, die man nicht auf einige Schlagworte reduzieren kann. Daher sollen Tendenzen der Sonettproduktion der letzten beiden

---

[60] Ebd., S. 177.

[61] Harig (1980; 1985; 1988); von Törne (1981), S. 113-120 u. S. 169-178.

Jahrzehnte nun in einem kursorischen Durchgang an einigen Beispieltexten verdeutlicht werden.

Ausgehen möchte ich dabei von einem 1970 erschienen Text von Gerhard Rühm, nicht nur weil er sehr bekannt ist - er bildet mit einem anderen Sonett von Rühm zusammen den Abschluß der Reclam-Anthologie ‚Deutsche Sonette' und wurde etwa auch in ‚Das große deutsche Gedichtbuch' von Karl Otto Conrady aufgenommen - , sondern auch weil er in gewissem Sinn eine Summe der Sonetttradition darstellt. Darin ist er Raymond Queneaus ‚Cent mille milliards de poèmes' vergleichbar.[62] Hat es Queneau geschafft, durch kombinatorische Extension in einem Buch Hunderttausend Milliarden Sonette enthalten sein zu lassen, so schafft es Rühm, durch intensivierende Minimalisierung alle überhaupt möglichen Sonette in einem enthalten sein zu lassen.

sonett

erste strophe erste zeile
erste strophe zweite zeile
erste strophe dritte zeile
erste strophe vierte zeile

zweite strophe erste zeile
zweite strophe zweite zeile
zweite strophe dritte zeile
zweite strophe vierte zeile

dritte strophe erste zeile
dritte strophe zweite zeile
dritte strophe dritte zeile

---

[62] Raymond Queneau: Cent mille milliards de poèmes. Paris 1961; von Ludwig Harig ins Deutsche übertragen bzw. im Deutschen nachgestaltet: Raymond Queneau: Hunderttausend Milliarden Gedichte. Frankfurt/M. 1984.

vierte strophe erste zeile
vierte strophe zweite zeile
vierte strophe dritte zeile[63]

Vermutlich wird sich Widerspruch dagegen erheben, daß dieses Sonett ein Höhepunkt der Formgeschichte sein soll, scheint es doch eher ein Schlußpunkt, eine nicht mehr steigerbare Entleerung und damit Zerstörung der Form, Zurückweisung der Formtradition, letztgültige Parodie des Sonetts durch maximale Untererfüllung eines jeden mit ihm verbundenen Anspruchs zu sein. Doch eignet dem Parodieren, besonders wenn es sich auf Form- oder Gattungsmuster bezieht, eine metapoetische Qualität, die das Typische und Formkonstitutive deutlich hervortreten läßt. So werden hier die gebräuchlichste Strophenstruktur vorgeführt und nicht nur ein, sondern alle denkbaren Reimschemata erfüllt. Darüberhinaus wird etwas offensichtlich, was nun tatsächlich als Ausgangspunkt der weiteren Überlegungen dienen kann. Die Vorgegebenheit der Form, die Beschränkung der Möglichkeiten, die Absehbarkeit des Endes, der starre Schematismus bringen auf der anderen Seite, als ihr Widerspiel geradezu einen Zwang zur Variation hervor. Deren Notwendigkeit wird umso deutlicher, wenn sie, wie hier, minimiert wird. Die Minimierung ist eine Folge der und eine Folgerung aus der Tradition. Denn da, wo die Variation zum Standard und die Summe der Abweichungen selbst zum festen Traditionsbestand wird, ist die Verweigerung der Variation, die pure Erfüllung des Schemas die letzte Variation, die noch nicht erprobt wurde.

Könnte Rühms parodistisch-autoreflexives ‚sonett' mithin als Endstation der Formgeschichte erscheinen, so zeigt die deutschsprachige Sonettproduktion der letzten zwei Jahrzehnte, daß es jede Menge Wege darüber hinaus mit vielfältigen Anschlüssen an Davorliegendes gibt. So

[63] Rühm (1970), S. 174.

war schon die Annahme, Rühms Minimalisierung sei nicht mehr zu überbieten, falsch, wie Karl Rihas ‚Taxidriver-Sonett' zeigt.

Taxidriver-Sonett[64]

Auch das letzte Sonett Nr. VIII von Peter Pabischs Zyklus ‚So nette Gedichte' stellt eine gewisse Steigerung dar, ist allerdings selbst nur eine Variation der Grundidee von Aleksandr Kondratov aus den sechziger Jahren, ein Sonett nur aus dem Wort ‚Sonett' bestehend zu machen.[65]

VIII

(zum Teil im Dialekt)

so nett so nett so nett
so nett so nett so nett
net so net so net so
net so net so net so

---

[64] In: Litfass 50 (1990), S. 107.

[65] S. Greber (1994), S. 79, Text 11; vgl. Ernst Jandls oben zitierte minimalistische Umsetzung dieses Konzepts von 1967. Auch das Wortspiel ‚Sonett' - ‚so nett' ist vorgeprägt und überboten bei Tieck: „Ein nett honett Sonett so nett zu drechseln", in: Kircher (1979), S. 148; zuvor in: Ludwig Tieck: Gedichte. Neue Ausgabe. Berlin 1841, S. 535.

so nett so nett so nett
so nett so nett so nett
net so net so net so
net so net so net so

so nett net so so nett
net so so nett net so
so net nett nett so net
net so so so net so

net so so net so nett
ist ein knabe* geworden

* in Berlin "Junge", in Bayern "Bub" oder "Bua"[66]

Pabischs Texte sind offensichtlich parodistisch zu lesen, wie das Motto zeigt: „mit bürgerlichem Pathos / - wie es noch immer die deutschen Lande plagt - / fruchtvoll zu lesen“[67], doch konnte man diesen Affekt gegen den ‚hohen Ton‘ des Sonetts schon viel deutlicher in einem anderen sehr bekannt gewordenen Sonett von Robert Gernhardt aus dem Jahre 1979 finden:

Materialien zu einer Kritik der bekanntesten Gedichtform italienischen Ursprungs

Sonette find ich sowas von beschissen,
so eng, rigide, irgendwie nicht gut;
es macht mich ehrlich richtig krank zu wissen,
daß wer Sonette schreibt. Daß wer den Mut

hat, heute noch so'n dumpfen Scheiß zu bauen;
allein der Fakt, daß so ein Typ das tut,
kann mir in echt den ganzen Tag versauen.
Ich hab da eine Sperre. Und die Wut

[66] Peter Pabisch: So nette Gedichte. In: Litfass 47 (1989), S. 79-86, S. 86.

[67] Ebd., S. 79.

darüber, daß so'n abgefuckter Kacker
mich mittels seiner Wichserein blockiert,
schafft in mir Aggressionen auf den Macker.

Ich tick nicht, was das Arschloch motiviert.
Ich tick es echt nicht. Und wills echt nicht wissen:
Ich find Sonette unheimlich beschissen.[68]

Der Protest gegen das Sonett nimmt hier sozusagen ‚unter der Hand' die Form des Sonetts an, sogar in mustergültiger Weise, und bestätigt mithin die Form letztlich eher, als daß er sie in Frage stellt. Gernhardt hat in einem Kommentar betont, daß in der Rezeption dieses Textes Erfolg und Mißverständnis offenbar Hand in Hand gingen: „nicht Verscheißerung des Sonetts, Verarschung der kurrenten Szenesprache sei das Anliegen" des Sonetts gewesen.[69] Die Form des Sonetts ist, so gesehen, hier nicht Gegenstand, sondern nur Mittel der Parodie.[70] Dafür gibt es bei Gernhardt noch andere Beispiele:

Paris Ojaja

Oja! Auch ich war in Parih
Oja! Ich sah den Luver
Oja! Ich hörte an der Sehn
die Wifdegohle-Rufer

Oja! Ich kenn' die Tüllerien
Oja! Das Schöhdepohme

---

[68] Robert Gernhardt: Gedichte 1954-94. Zürich 1996, S. 116f.

[69] Ebd., S. 488f.

[70] Solche Unterschiede sind allerdings für manchen zu fein. So gibt es ein laut Anmerkung als Parodie auf Gernhardts ‚Materialien ...' zu verstehendes ‚Anti-Sonett', das sich dessen Sprachgestus zu eigen macht, aber ins Eindeutige umkehrt und die Selbstentlarvung des Sprechenden damit aufhebt: „Formales Können finde ich beschissen, / so eng, rigide, irgendwie nicht gut" (Rarisch (1990), S. 71).

Oja! Ich ging von Notterdam
a pjeh zum Plahs Wangdohme

Oja! ich war in Sackerköhr
Oja! Auf dem Mongmatter
Oja! Ich traf am Mongpahnass
den Dichter Schang Poll Satter

Oja! Ich kenne mein Parih.
Mäh wih![71]

Roma aeterna

Das Rom der Foren, Rom der Tempel
Das Rom der Kirchen, Rom der Villen
Das laute Rom und das der stillen
Entlegnen Plätze, wo der Stempel

Verblichner Macht noch an Palästen
Von altem Prunk erzählt und Schrecken
Indes aus moosbegrünten Becken
Des Wassers Spiegel allem Festen

Den Wandel vorhält. So viel Städte
In einer einzigen. Als hätte
Ein Gott sonst sehr verstreuten Glanz

Hierhergelenkt, um alles Scheinen
Zu steingewordnem Sein zu einen:
Rom hat viel alte Bausubstanz.[72]

Ist jedoch bei dem ersten Gedicht von 1981 neben der darin klar erkennbaren Persiflage einer bestimmten Haltung auch eine Tendenz zur Selbstparodie der Form wohl unabweisbar, so nutzt der zweite Text von 1987 das Formprinzip der Pointierung im letzten Vers zu einem par-

---

[71] Gernhardt (1996), S. 73.

[72] Ebd., S. 244f.

odistischen Bruch, bei dem man darüber streiten kann, ob durch ihn auch die Sonettform parodiert oder vielmehr gerade bestätigt wird.

Wie sich zeigte, ist die Grenze zwischen Parodie und immanenter Poetologie nicht immer klar zu ziehen. Für den poetologisch-metapoetischen Zug, der in der Sonetttradition bekanntlich stark ausgeprägt ist, gibt es mehrere Beispiele, die sich zwischen dem Bezug auf Dichtung im allgemeinen und auf das Sonett im besonderen bewegen. Ein letztes Beispiel von Gernhardt aus dem Jahre 1994:

Wortschwall

Erst tropft es Wort für Wort. Dann eint ein Fließen
Solch Tropfen in noch ziellos vagen Sätzen,
Die frei mäandernd durst'ge Ganglien netzen,
Aus welchen wuchernde Metaphern sprießen

Und wild erblühn. Und sich verwelkend schließen,
Nun Teil der Wortflut, wenn auch nur in Fetzen,
Das will vermengt zur Sprachbarriere hetzen,
Um sich von Satz zu Absatz zu ergießen,

Bis tief ins Tal. Dort füllen Wortkaskaden
Ganz ausgewaschne, sinnentleerte Becken,
In welchen doch seit alters Dichter baden.

Daß dies Bad sinnlos ist, kann die nicht schrecken:
Ein Wortschwall reicht, um die maladen Waden
Mit frischer Schreit- sprich Schreiblust zu begnaden.[73]

Was auf den ersten Blick als reine Sonettparodie und damit als Ablehnung des Sonetts erscheinen könnte, erweist sich also bei genauerem Hinsehen als oft sehr genaue Reflexion auf die Bedingungen und Möglichkeiten der Form und als Fortsetzung der poetologischen und metapoetischen Tradition innerhalb der Sonettistik. Ähnliches gilt für den

[73] Ebd., S. 412.

betont spielerischen Umgang mit der Form und der spannungsvollen - Kombination mit anderen Formen. Diesen in den letzten beiden Jahrzehnten reich vertretenen Tendenzen soll jedoch in eigenen Kapiteln des Analyse-Teils nachgegangen werden. Zum spielerisch-kombinatorischen Moment gehört auch die Zusammenstellung von Sonetten in Zyklen, besonders als Sonettenkranz, der in der Gegenwart sowohl in klassisch-strenger als auch in spielerischer Variante vorkommt. Andere zeitgenössische Zyklen weichen vom Modell des Kranzes ab und gehen auch im einzelnen Sonett zum Teil eher lax mit der vorgegebenen Form um. Wolf Wondratscheks ‚Die Einsamkeit der Männer' gewinnt seinen Zusammenhang aus dem durchgehenden Bezug auf Malcolm Lowrys Roman ‚Under the Volcano', wie durch den Untertitel schon deutlich gemacht wird. Doch entsteht kein eigentlich narrativer, sondern vielmehr ein thematischer Zusammenhang, indem die Sonette die Grundthemen des Romans, Liebe, Rausch und Geschlechterkampf, durchspielen und verdichten. Mit seiner weitgehenden Formverweigerung, etwa durch die ausgreifenden Enjambements, lassen sich die Texte einer Phase Anfang der achtziger Jahre zuordnen, in der viele Autoren sich allmählich und zögernd der Sonettform wieder annäherten und dabei eher auf die spezifisch moderne Tradition der Auflösung der Sonettform zurückgriffen. Ähnliches kann man bei Karl Krolow oder Ulla Hahn beobachten.[74] Deutlich und in ihrer Deutlichkeit oft peinlich ist bei Wondratschek insbesondere die Anlehnung an Rilke:[75]

---

[74] Vgl. Schindelbeck (1988), S. 176-198 u. S. 167-170. Schindelbecks Bemerkungen zu Sonetten der achtziger Jahre beschränken sich auf diese drei Autoren.

[75] Vgl. ebd., S. 171-175.

Corrida d'amour

Liebende sind wir im Abschied, in jenem langen
letzten Blick, der noch einmal die Liebe beschwört
wie in einem Aufschrei; leise, daß keiner ihn hört.
Mit diesem Blick in die Augen hat es angefangen,

der Kampf, dessen Ende wir beide besser kennen
als alles, was wir begehrend einander beweisen -
Stiere, die mit brennenden Lungen anrennen
gegen das leichte, täuschende, blutrote

Tuch des Toreros, und sich ganz langsam zu Tode
drehen in immer kleiner werdenden Kreisen,
bis sie stehen, fast schon erlöst und bereit

für die Wahrheit, von der sie nichts wissen,
das lärmende Fleisch bezwungen,
vom Degen, der zustößt, zerrissen.[76]

Ein weiteres, gewissermaßen protonarratives Gliederungsprinzip ist die fortlaufende Datierung, die die Texte erkennbar mit ihrem Entstehungsprozeß und so auch mit dem Leben der Autorin oder des Autors verknüpft. Seit Dantes ‚Vita nuova' ist der Sonettzyklus eine Möglichkeit gewesen, die Augenblickshaftigkeit der Erfahrung und die Kontinuität der Ontogenese, der Entwicklung eines als sprechend oder schreibend den Sonetten eingestalteten Ich, miteinander zu verbinden.[77] Entsprechend der heutigen Skepsis gegenüber allzu optimistischen Konzepten von Persönlichkeitsentwicklung und -bildung ist die Integration von

---

[76] Wolf Wondratschek: Die Einsamkeit der Männer. Mexikanische Sonette (Lowry-Lieder). Zürich 1983, S. 15.

[77] Vgl. Michael R. Spiller: The Development of the Sonnet. An Introduction. London 1992, S. 41: „it is one of the very few literary forms that can represent both the fragmentary, immediate nature of real experience (each poem is separate) and also the continuous nature of selfhood (the poems form a sequence)."

beidem im Sonettzyklus noch eher gangbar als etwa im Bildungsroman, vor allem, wenn die Seite der momenthaften Erfahrung betont wird. Hier drängt sich zudem der Anschluß an den Topos der Form als ineinander verschränkter Selbstüberwindung und Selbstschöpfung auf, der mit Namen wie Goethe oder Becher verbunden ist:

> Wenn immer wieder fehlschlägt der Versuch,
> Sich selbst in eine Form zu fassen,
> [...]
> Alsdann erscheint, in seiner schweren Strenge
> Und wie das Sinnbild einer Ordnungsmacht,
> Als Rettung vor dem Chaos - das Sonett.[78]

In Enid Gajeks Zyklus ‚Ich lebe noch hier unten. Lakonische Sonette' steht vor jedem Sonett ein Datum, und häufig finden sich konkrete Geschehnisse, oft aus dem Bereich der Politik, die als Ausgangspunkte des Schreibprozesses gedeutet werden können, der zudem manchmal metapoetisch reflektiert wird.

> 21. November 1983
>
> *Jeden Monat sehe ich neue Waffensysteme,*
> *atemberaubende Erfindungen,*
> *das sind wohl die einzigen wirklichen*
> *Schöpfungen dieses Jahrhunderts.*
> *Da kann ich überhaupt nur noch Sonette anfangen.*
>
> Mit Worten kann man keinen Frieden machen.
> Und doch mit Worten nur, womit denn noch?
> So viele Worte haben sie, es kroch
> Soviel aus ihrem Kopf: Begriffe, Sachen
>
> Mit sogenannten Namen, Kürzeln, Zeichen.
> Und mich versteht der eigne Nachbar kaum.
> Läs er Sonette, dächt er nicht im Traum
> Sie einzusehen. Würd erschrecken, weichen.

---

[78] Johannes R. Becher: Das Sonett. In: Kircher (1979), S. 381.

Die Künstlichkeit! In Versen gehen, reden!
Das könnt was sein. Und sind die Verse gut?
Nur Lügen? Postmodernes Fühlen! Für jeden,

Der sie nicht mag, sind sie Bedrohung. Es tut
Nur weh, sie anzuhören. Pein. In Läden
Ist anderes, was erzählt: Die Pracht. Das Blut.[79]

Scheinen sich auch bei den Sonettzyklen die Betonung des Spielerisch-Kombinatorischen und die Anlehnung an das Strenge, Gefestigte - und somit Rückhalt Gewährende einander gegenüberzustehen, so hält - Durs Grünbeins kleiner Zyklus ‚Nachbilder'[80] die Balance zwischen Auflösung der traditionellen Form und Strenge im systematischen Durchspielen der Variationsmöglichkeiten. Das zeigt sich bei einem Blick auf die beiden wichtigsten Gestaltungsmittel des Sonetts, Strophengliederung und Reimordnung. Fünf der sieben Gedichte zeigen keinerlei Aufteilung im Schriftbild, Nr. III ist in acht und sechs Verse geteilt, Nr. II mitten im vierten Vers. Achtet man auf die Satzschlüsse, so fallen sie fast nie mit den Enden erwartbarer Strophen zusammen. Nur die letzten beiden Verse bilden in Nr. IV und V eine syntaktische Einheit. Auf dieser Ebene findet man also die moderne Auflösung der Sonettform, die sich nach dem ersten Anschein beim Reim fortzusetzen scheint. Auch hier bietet sich kein einheitliches Bild, doch die Abweichungen und Variationen offenbaren letztlich denn doch eine auffallende Strukturiertheit. Nr. I und II folgen dem Schema des ‚englischen' Sonetts: ababcdcdefefgg, und das ist auch in den übrigen Sonetten bei den ersten acht Versen mit zwei Unreinheiten der Fall. In den letzten sechs

[79] Enid Gajek: Ich lebe noch hier unten. Lakonische Sonette. In: Literatur im technischen Zeitalter 25 (1985), S. 87-91, S. 88.

[80] Durs Grünbein: Nachbilder. Sonette I - VII. In: FAZ Nr. 38 v. 14. 2. 1997, S. 35; Nr. 41 v. 18. 2. 1997, S. 35; Nr. 43 v. 20. 2. 1997, S. 33; Nr. 46 v. 24. 2. 1997, S. 33; Nr. 49 v. 27. 2. 1997, S. 39; Nr. 51 v. 1. 3. 1997, S. 33; Nr. 55 v. 6. 3. 1997, S. 39.

Versen erkennt man folgende Anordnungen: III: efegfg; IV und V: efgegf; VI: efgg(f)e; VII: efgfeg. Die eine klassische symmetrische Variante in Nr. VI ist durch einen unreinen Reim leicht gebrochen, die andere (efgefg) ist ausgelassen, und wenn man Paarreime vermeiden möchte, gibt es gar nicht mehr viele andere Möglichkeiten als die hier vorliegenden. Dabei ergeben sich Reime, die weite Räume umspannen, nämlich vier Verse (jedoch zumeist ohne einen umschließenden Reim zu bilden) in III, IV, V, VI und VII, fünf Verse in IV, V und VI, sechs Verse in VI. Die Bestätigung der Reimerwartung wird damit stark verzögert, der scheinbar schon aufgegebene formale Zusammenhang doch noch hergestellt, die Möglichkeiten der Strukturierung bis zum Äußersten ausgereizt. Die Form suggeriert hier im genauen Wortsinne den *Anschein* von Auflösung und Verwirrung. Dem korrespondiert, daß die Thematik des Zyklus - ,Nachbilder', Traumzustände, Erinnerungen, Assoziationen - keineswegs mit der assoziativen Technik der Darstellung eines Bewußtseinsstroms vermittelt wird. Das Fehlen von Übersicht und rationaler Kontrolle ist nur an einigen Stellen angedeutet: „Von welcher Grube aus ... (Wer fragt hier wen?)", Nr. II; „Und morgen ... wann war morgen ... ", Nr. III. Verwirrung wird auch auf semantischer Ebene vielmehr durch ein Zuviel an Zusammenhängen erzeugt, durch die Überkomplexität der Außenwelt, die sich auch im ,Nachbild' noch dem Bewußtsein einprägt und aus der man sich auch durch den Traum nicht ,heraushalten' kann. Das wird ausgesprochen deutlich und pointiert - und mithin sehr sonettgerecht - in den ausnahmsweise auch syntaktisch abgesetzten letzten drei Versen des ersten Sonetts programmatisch dem Zyklus vorangestellt:

> Ein Mensch der höflich seine Zähne bleckt
> Gewöhnt an Städte, Blutgerinnsel, Staus -
> Das bist du, und kein Traum hält dich heraus.

Wie schon angedeutet, ist es sicher kein Zufall, daß man die ernsthaft grundierten und dann auch eher in Skepsis endenden Fort-

und Umschreibungen der Form häufig bei Autoren findet, deren literarische Sozialisation in der DDR stattfand, während der bis zum Albern-Unsinnigen reichende spielerische Zug im Westen zu dominieren scheint. Dort findet man allerdings durchaus auch altmeisterliche bloße Fortführung der Formtradition wie in ‚Jericho' von Peter Maiwald oder experimentelle Strenge im Umgang mit der Form.[81]

Es sollte nicht verschwiegen werden, daß es neben den beschriebenen doch sehr tiefgreifenden Veränderungen der Sonettproduktion, die zu überaus individuellen Anverwandlungen der Form führten, einen breiten Strom von Erzeugnissen gibt, die über die Jahrzehnte hinweg fast keine Veränderungen erkennen lassen und auch von den genannten Unterschieden zwischen Ost und West kaum berührt werden. Das Sonett scheint nicht zuletzt als Dilettanten-Form äußerst beliebt zu sein, und als solche schließt es sich bruchlos an ältere Traditionen an. Mitlacher unterschied 1932 „fünf Sonettgattungen der älteren Poetik: a) Liebes-Sonett, b) erotisches Sonett, c) religiöses Sonett, d) epigrammatisch-polemisches Sonett, e) beschreibendes Sonett"[82], und diesen Kategorien läßt sich auch noch ein Großteil der Sonettistik der letzten fünfzig Jahre zuordnen. Das Liebes-Sonett mit einer Tendenz zur Vergeistigung und Überhöhung dominiert vor allem in der unmittelbaren Nachkriegszeit über das erotische Sonett, das bis in die siebziger Jahre hinein überaus selten ist[83], und gerät dabei häufig in die Nähe des religiösen Sonetts, das einen zweiten Schwerpunkt bildet und zuweilen

---

[81] Peter Maiwald: Jericho. In: FAZ Nr. 187 v. 14. 8. 1997, S. 29.

[82] Heinz Mitlacher: Moderne Sonettgestaltung. Borna u. Leipzig 1932, S. 1.

[83] Eines der wenigen Beispiele, das denn auch eher locker im Ton und unprätentiös gehalten ist: Elfriede Eckardt-Skalberg: Erlebnisse Casanovas in Sonetten. Hamburg-Hamm 1964. Vor solchen eher harmlosen Erzeugnissen heben sich umso deutlicher Texte wie Ingeborg Bachmanns ‚Römisches Nachtbild' und die Sonette mit erotischen Themen von Karl Mickel oder Rainer Kirsch ab.

mystische oder philosophisch-weltanschauliche Tendenzen annehmen kann. Das epigrammatisch-polemische Sonett kommt, wie gezeigt, in den späten vierziger Jahren in den teilweise erst im nachhinein veröffentlichten Zeugnissen der Auseinandersetzung mit der Nazizeit vor, später auch in agitatorischen Texten aus der DDR[84], nimmt aber ansonsten keinen allzu breiten Raum ein, obwohl im letzten Jahrzehnt eine deutliche Zunahme zu verzeichnen ist. Hingegen sind beschreibende Sonette überaus häufig, oft verbunden mit Stimmungsmalerei. Es dominieren Sonette auf Kunstwerke, Architekturdenkmäler, Städte und Landschaften, oft mit einer regionalistischen Einfärbung oder, vor allem wenn es um Mittelmeergegenden geht, mit mythologischen Bezügen. Auch Sonette auf bedeutende Persönlichkeiten wie Künstler oder Wissenschaftler findet man in großer Zahl. Die Sonettthemen sind also, schaut man auf die ganze Breite der Produktion, von bemerkenswerter Konstanz.

Der Befund nach diesem Durchgang durch die neuere deutschsprachige Sonettproduktion ist nicht auf einen einfachen Nenner zu bringen. Man findet sowohl Fortschreibungen von Traditionen wie der des politischen Sonetts als auch den radikalen Traditionsbruch bis zur Infragestelltung der Form selbst, Sonettparodie und Nutzung des Sonetts zur Parodie, Formbewußtheit und den eher laxen Gebrauch der Form, Ernsthaftigkeit und Albernheit, Kontamination mit gegenläufigen Formen und Verbindung mit neuartigen Themen. Manches davon könnte die These von der Antiquiertheit des Sonetts belegen, anderes präsentiert aber auch überraschende Erneuerungsmöglichkeiten in Auseinandersetzung mit der Tradition. Der ‚Tod‘ des Sonetts in den Sonettparodien der sechziger und siebziger Jahre scheint ihm gutgetan

[84] „Und während Bomben Hadeskinder horten, / behängten sie [die Kapitalisten] sich stolz mit Sternenorden, / bis Lenins Stern auch uns das Licht gebracht." (Jürgen Listreker: Ich war allein. Weimar 1958, S. 13).

und zu einer ‚Wiedergeburt' in den Achtzigern und Neunzigern geführt zu haben.

III. Formen als kommunikativer Fundus: Gebrauch von Formen, Verweis auf Formen

Gerade für einen wissenschaftlichen Umgang mit Literatur, der Form nicht mehr als von inhaltlichen Dimensionen isolierbares Element begreift, sondern Formbestimmtheit und Verauffälligung formaler Strukturen als Konstituens literarischen Schreibens und die dadurch ermöglichte ästhetische Erfahrung als spezifisches Potential literarischer Texte auffaßt, ist das Wiederaufgreifen von dem Anschein nach anachronistischen Formen und gerade auch das Phänomen der gebrochenen, ironischen oder zitierenden Verwendung von Formen ein zentrales Problem. Der Zusammenhang zwischen dominanten, ja epochenprägenden Formen und den jeweiligen sozial-, mentalitäts- und psychohistorischen Bedingungen von Literatur läßt eine rein ‚immanente' Erklärung des Formenwandels als unzureichend erscheinen. Die Vorstellung einer nur modischer Aktualität folgenden Bevorzugung oder Ablehnung von rhythmischen und lautlichen Mustern, rhetorisch-poetischen Figuren, ja ganzen Gattungen würde deren komplexe Beziehungen zu Leserdispositionen, zu Verbreitung und öffentlichem Stellenwert von Literatur, zum Verhältnis der Literatur zu den anderen Medien, zu praktischen Funktionen und theoretischen Funktionszuschreibungen und vielem anderen außer acht lassen. Die Einsicht in diese Beziehungen macht die Geschichte der literarischen Formen zu einem selbständigen Teil einer allgemeinen Kulturgeschichte und erweist ihren Wandel als historisch motiviert.

Je weiter Theorie und Beschreibung des Form- und Strukturwandels der Literatur inklusive sozialgeschichtlicher, rezeptionsästhetischer und systemtheoretischer Versuche voranschreiten, desto mehr stellt sich die Frage, wie mit den geradezu gegenläufigen Wiederaufnahmen und Anverwandlungen von überholt geglaubten Formen verfahren werden soll. Denn in vielen Fällen lassen sie sich nicht als plumpes Epigonentum oder gar naive bis reaktionäre Nostalgie abtun. Diese merkwürdigen ‚Schleifen' in der linearen literarhistorischen Entwicklung kann man auch nicht mit Hinweisen auf Ungleichzeitigkeiten oder aber die Universalität elementarer Grundformen erschöpfend erklären. Häufig finden die Rückgriffe in der avanciertesten und in bezug auf ihren eigenen Standort reflektiertesten Literatur statt, und ihre Gegenstände sind oft höchst komplexe Gebilde, die mit ausgeprägtem Sinn für ihre historische Bedingtheit und Verflochtenheit adaptiert werden. Auch die Verwendungsweisen des Sonetts nach 1945 und gerade in den letzten Jahrzehnten lassen sich nur zu einem geringeren Teil als epigonal oder als unreflektierte Fortschreibung einer Tradition charakterisieren, wie der historische Überblick gezeigt hat. Welche anderen Möglichkeiten des Aufgreifens der Form gibt es, wie lassen sich diese systematisch erfassen, und in welcher Weise gehen sie aus den kulturhistorischen Prozessen von Formprägung, Formverwendung, Formenwandel und Archivierung von Formen hervor? Welche Funktionen kann der Rückgriff auf eine Form wie das Sonett haben, wenn er weder traditionell zugeschriebene Funktionen bestätigt noch ausschließlich diese negiert, also weder naives Sonettieren noch dessen einsinnige Parodie ist?

Zunächst ist herauszustellen, daß Verbindungen von Formen und Funktionen, deren Grund in den jeweiligen Bedingungen menschlicher Praxis zu suchen ist, dazu führen, daß die entsprechenden Formen auch zu *Zeichen für* die mit ihnen verbundenen Funktionen werden können, also auch für den Praxiszusammenhang, in den die Funktion gehört. Diese *semiotische* Verbindung von Form und Funktion kann sich erhalten, auch wenn die *praktische* Verbindung von Form und Funktion sich infolge gesellschaftlicher oder anderer Veränderungen auflöst. Der Zeichenträger kann einerseits defunktionalisiert werden, indem er Funktionen in der Lebenspraxis verliert, und andererseits refunktionalisiert werden, indem ihm neue Funktionen im Zusammenhang mit seinem Potential zur Signifizierung der früheren Funktionen verliehen werden. Die Zeichenbildung besteht also in einer Entwicklung der Form vom Funktionsträger zum Bedeutungsträger.

Unser Alltag ist voll von Beispielen für solche Ablösungen der Zeichenhaftigkeit von der Funktionalität. Wenn ich von dem Textverarbeitungsprogramm, mit dem dieser Text geschrieben wird, zur Software für Modemverbindungen wechsle, dann finde ich Telefonsymbole, die eher Telefonen aus der Mitte dieses Jahrhunderts ähneln als dem, das ich benutze. Das Trennen einer Verbindung wird durch das Auflegen des Hörers symbolisiert, obwohl bei einer Modemverbindung gar kein Hörer zum Einsatz kommt. Man sagt: „Er hebt nicht ab", ältere Menschen verwenden sogar noch die Ausdrucksweise „Er hängt nicht aus", obwohl der Angerufene (den man natürlich nicht wirklich ‚rufen' kann, sonst bräuchte man ja nicht mit ihm zu telefonieren) ein Handy benutzt und einen Knopf drücken würde, wenn er ‚abheben' würde.

Die Form eines Telefons mit Hörer ist nun einmal etabliert und prägnanter als die eines Modems, von dem man gar nicht so genau weiß, wie es eigentlich aussieht, und das Verhaltensmuster ‚rufen' ist eindrücklicher als die selbst nicht direkt wahrnehmbare Übermittlung eines elektrischen Signals durch eine Telefonleitung. Daher können solche ‚überholten' Techniken zu Signifikanten für neue Techniken werden. Dabei bedeutet der Signifikant ‚Telefon' (Bild eines Telefons) nach wie vor Telefon, aber das gesamte Zeichen kann nun auch für eine Modemverbindung stehen. Der neuere Gebrauch enthält den älteren gewissermaßen in sich, und derselbe nur einmal vorkommende Signifikant findet auf zwei Ebenen Verwendung und wird zwei Signifikaten zugeordnet. Das Zurücktreten der älteren Funktion in der Praxis tut der Signifizierungsleistung keinen Abbruch und kann die Übertragung auf neue Verwendungen zur Bezeichnung neuer Funktionen sogar begünstigen. Solche Staffelungen lassen sich zudem vervielfältigen, wie man am Beispiel des Gebrauchs von ‚anrufen' für das Herstellen einer Modemverbindung sehen kann.

Derartige Prozesse des Übergangs von der Funktionalität zur Zeichenhaftigkeit treten im Zusammenhang mit der Herausbildung kultureller Teilsysteme auf, die mit repräsentativen Funktionen belegt werden, also der zeichenhaften Darstellung einer Kultur in ihr selbst. Solche bildlichen, rituellen oder narrativen Selbstinszenierungen tendieren einerseits dazu, ihr eigenes inszenatorisches Material aus alltäglichen Zusammenhängen herauszuheben und als Besonderes auszuzeichnen. Sie können dieses Material andererseits durch die Aufwertung über das Anachronistisch- und Funktionsloswerden hinwegretten. So vollzieht sich ein Funktionswandel vom Gebrauch hin zur Repräsentation. Formale Elemente werden von ihrer ursprünglichen Funktion und eventuell auch ihrem ursprünglichen Träger im Gebrauchskontext abgelöst und in einem neuen Kontext mit einer repräsentativen Funktion belegt. Es handelt sich also um eine höhere Stufe des Zeichenbildungsprozesses, auf der Formen mit komplexeren Bedeutungen verbunden werden, die ältere Funktions- und Signifikationszusammenhänge umfassen.

Dies ist die Voraussetzung für das Weiterleben von Formen, die frühere Verwendungen und Bedeutungen und damit frühere Kulturstufen quasi als ‚Erinnerung' in sich enthalten und somit ein kulturelles ‚Gedächtnis', ein ‚Archiv' der Kulturgeschichte als Formengeschichte enthalten. Läßt man sich auf diese Metaphorik ein, so muß man jedoch auch die neuere Gedächtnisforschung berücksichtigen, die Erinnern eben nicht mehr als Hervorholen eines gespeicherten Inhalts aus dem Behälter ‚Gedächtnis', sondern als konstruktiven Akt versteht. Jeder Rückgriff auf Formen stellt diese in einen neuen Kontext, in dem die Aktualisierung ihres früheren Kontexts einen komplexen Wechselwirkungsprozeß auslöst. Dieser Prozeß der Anverwandlung und Modifikation erscheint, wird er als ‚Erinnerung' verstanden, als immer erneute Konstruktion einer Vergangenheit zur jeweiligen Gegenwart und ihres Verhältnisses zueinander.

Das Wiederaufgreifen von Formen, insbesondere von als überholt geltenden Formen, ist eine Möglichkeit der Reflexion auf solche Prozesse von Geschichtskonstruktion und Traditionsbildung. Die stärkste Ausnutzung und deutlichste Betonung dieser Möglichkeit ist das Formzitat[85]. Indem eine Form zitierend verwendet wird, wird ihre umstandslose Adaption an die eigene Gegenwart verhindert. Sie erscheint als fremder Bestandteil in der eigenen Äußerung, der auf seine frühere Verwendung verweist. Damit wird die Kluft zwischen Gegenwart und Vergangenheit nicht durch Kontinuitätsstiftung überbrückt, sondern als solche ästhetisch erfahrbar gemacht. Beide können in einen wirklichen *Dialog* treten, eines kann gegen das andere ausgespielt werden, wohingegen die fraglose Gültigkeit einer Tradition nur bedeutet, daß sich das Bild einer Gegenwart von ihrer Vergangenheit als bloßer Vorläuferschaft monologisch behauptet.

Einerseits erweist sich also das Formzitat als reflexive Anwendung einer grundlegenden Struktur von Zeichenbildungsprozessen: die Form wird im Zitat zum Zeichen für ihre frühere Verwendung und Funktion. Andererseits bildet es aber eine neue Stufe in der kulturellen Entwicklung, indem es eine Möglichkeit bietet, verschiedene historisch vorliegende und in Formtraditionen gespeicherte Auffassungs- und Darstellungsweisen selbst zum Gegenstand der Darstellung zu machen, und

[85] Zum Begriff des Gattungs- oder Formzitats vgl. Peter Kuon: Gattung als Zitat. Das Paradigma der literarischen Utopie. In: Christian Wagenknecht (Hg.), Zur Terminologie der Literaturwissenschaft. Akten des IX. Germanistischen Symposions der DFG, Würzburg 1986. Stuttgart 1988, S. 309-325, und Andreas Böhn: Das Formzitat als kultureller Austauschprozeß. In: Hans W. Panthel u. Peter Rau (Hg.): Bausteine zu einem transatlantischen Literaturverständnis. Views on Literature in a transatlantic Context. Jubiläumsschrift zum zwanzigjährigen Bestehen der Partnerschaft zwischen den Universitäten Waterloo/Canada und Mannheim/Deutschland. Frankfurt/M. u. a. 1994, S. 197-209. Beim Letztgenannten handelt es sich um eine Skizze zu einer demnächst erscheinenden Monographie über das Konzept des Formzitats als literarische Strategie.

zwar einer Darstellung, die nicht prätendiert, objektives Abbild zu sein, sondern die Spannung zwischen einer Gegenwart und dem konstruktiven Bild einer Vergangenheit wiederum in der Spannung zwischen Zitat und Zitatkontext zur Darstellung bringt und zum Gegenstand ästhetischer Erfahrbarkeit macht.

Beim Zitieren von Formen wie dem Sonett liegt ein Verweis vor, da die Form nicht ‚gebraucht', sondern nur ‚erwähnt' wird, da also durch das Ausfallen der normalen Funktion der Form und die Differenz zum Kontext des Zitats eine Einstellungsänderung beim Rezipienten angeregt und die komplexere Auffassungsweise nahegelegt wird, nach der die Form auf den Gattungszusammenhang, aus dem sie stammt, verweist. Diese in der modernen Logik und Sprachphilosophie verwendete Unterscheidung von Gebrauch und Erwähnung, Regelbefolgung und Verweisen auf die Regel etc. ist elementar und bildet die Basis für jegliche Unterscheidung von Objekt- und Metasprache.[86] Daher sollte man sie beachten, auch wenn ihre Anwendung im konkreten Fall Schwierigkeiten bereitet, wie dies in der Literatur häufig der Fall ist. Durch die starke Formbetontheit und den hohen Innovationsgrad bei der Aktualisierung von Gattungssystemen zeigt sich in der Literatur beim Gebrauch von Formen nämlich eine allgemeine Tendenz zum gleichzeitigen Verweis auf diese Formen, die sich bei bestimmten Ausprägungen und in bestimmten Epochen extrem verstärkt. Dennoch lassen sich Gebrauch und Verweis theoretisch unterscheiden, auch wenn sie in der Praxis gleichzeitig am selben Objekt auftreten. Vor allem aber ist der reine Verweis unter Ausschluß des Gebrauchs, wie er grundsätzlich das Zitat charakterisiert, vom normalen Gebrauch zu trennen, auch wenn, wie oben gesagt, das Zitat mit einem sekundären Gebrauch des Zitierten einhergehen kann.

---

[86] Vgl. Kuno Lorenz: Artikel ‚use and mention'. In: Enzyklopädie Philosophie und Wissenschaftstheorie. Hg. v. Jürgen Mittelstraß. Bd. 4. Stuttgart u. Weimar 1996, S. 459f.

Nun ist das Sonett ein besonders formbetonter Gedichttyp, und es gilt darüber hinaus auch in hohem Maße als solcher, ja als prototypische ‚strenge Form'. In der Geschichte des Sonetts hat sich eine eigene metapoetische Tradition[87] herausgebildet, die sich vorzugsweise mit diesem Charakteristikum des Sonetts beschäftigt und häufig die Formstrenge als Gegensatz zu inhaltlichen Momenten, Äußerungsabsichten oder Bestimmungen von Lyrik und Literatur im allgemeinen darstellt. All dies trägt zu einer Verauffälligung der Form bei, die auch über das in der Literatur Übliche noch hinausgeht. Wenn dann noch die ‚Unzeitgemäßheit' strenger Formen im allgemeinen und des Sonetts im besonderen hinzukommt, wie sie jedenfalls in der westdeutschen Literaturszene über Jahrzehnte hinweg von den meisten explizit oder stillschweigend vorausgesetzt wurde, so müßte eigentlich jede Verwendung der Form reiner Verweis und mithin Zitat sein.

Ein solcher Sprachgebrauch würde ersichtlich wenig Sinn machen und die Charakteristika der zu beschreibenden Texte eher verwischen. Es ist daher im einzelnen sowohl an der Struktur der Texte als auch an den pragmatischen Rahmenbedingungen, der literaturhistorischen Situation als dem spezifischen Äußerungskontext, differenziert zu untersuchen, ob etwa eine selbst durch die Tradition vorgegebene metapoetische Reflexion im Sonett vorliegt, ob das Sonett als Form bestätigt und nur durch leichte formale Änderungen oder inhaltliche Erneuerung aktualisiert werden soll, ob die Form parodiert und destruiert werden soll oder derart transformiert und mit anderen Formen kombiniert wird, daß sie in etwas Neuem aufgeht, um nur einige der Möglichkeiten zu nennen.

Die Kapitelgliederung der folgenden Textanalysen orientiert sich an der Notwendigkeit, bei der Darstellung des Umgangs mit der Sonett-

[87] Vgl. Paul Goetsch: Sonette über das Sonett. In: Literaturwissenschaftliches Jahrbuch 38 (1997), S. 261-280.

form seit dem Zweiten Weltkrieg historische mit systematischen Kriterien im genannten Sinne zu verbinden. Erst vor dem historischen Hintergrund der jeweiligen zeittypischen Ausprägung und Einschätzung der Form kann die einzelne Formverwendung systematisch erfaßt und einer bestimmten Verwendungsweise zugeordnet werden, und nur die Unterscheidung solcher Verwendungsweisen und die Berücksichtigung ihres wechselnden Stellenwerts erlauben es, historische Veränderungen im Umgang mit der Form adäquat zu beschreiben. So ist die ironische Distanzierung von der Form in der unmittelbaren Nachkriegszeit die Ausnahme und schon in Ansätzen daher als stark markiert und bedeutsame Strategie zu bewerten, während in den siebziger bis neunziger Jahren die allmähliche Rückkehr zum ernsthaften, nicht gebrochenen Einsatz des Sonetts sich von der vorangehenden Formverweigerung und den zeitgenössischen postmodern-spielerischen Tendenzen signifikant abhebt.

Kapitel IV.1 behandelt die Funktionalisierung der Form, die im untersuchten Zeitraum die größte Konstanz aufweist, nämlich die Instrumentalisierung des Sonetts als politisches Ausdrucksmittel. Dabei unterscheiden sich zwar die politischen Tendenzen und auch die stilistischen Eigentümlichkeiten sehr stark, aber das Sonett wird durchgehend zum Vehikel einer klar erkennbaren Äußerungsabsicht gemacht. Aus der Formtradition wird vor allem die Tendenz zur Pointierung aufgenommen, teilweise auch die metapoetische Reflexion auf Schreibsituation und Autorrolle, selten aber werden die Implikationen der Form selbst, die Frage ihrer spezifischen Leistungsfähigkeit und Zeitgemäßheit thematisiert. Das Sonett scheint vielmehr gerade wegen der Bekanntheit und Vertrautheit der Form gewählt zu werden, die die Rezeption erleichtert. Die politische Botschaft und das ‚schwierige' Medium Lyrik dürften gerade bei Lesern, die nicht mit den neuesten Entwicklungen der literarischen Avantgarde vertraut sind, auf derart eingespielten Wegen am ehesten miteinander vereinbar sein. Zudem gibt es ja gerade im deutschen Sprachraum eine breite ältere Tradition politischer Sonettistik, die sich ebenfalls kaum durch besonders artistischen Umgang mit der Form auszeichnet.

Während das erste Kapitel des vierten Teils den gesamten Untersuchungszeitraum umfaßt, versucht das zweite das Spannungsfeld von Fortschreibung, Erneuerung und Überschreitung der Formtradition im konservativen Umfeld der späten vierziger Jahre auszuloten. Das Interesse gilt hier den Ansätzen von Experiment und Veränderung vor dem Hintergrund einer Dominanz der traditionellen und kaum kritisch geprüften Form, die später nie mehr in dieser Weise gegeben war. Auch noch so zurückhaltend eingesetzte Abweichungen haben vor dieser Folie ihren eigenen Signalwert, erscheinen als, wenngleich vorsichtige, Distanzierung von den Vorgaben und den herrschenden Tendenzen. In den allenthalben praktizierten allzu selbstverständlichen Gebrauch der Form mischen sich Varianten des Verweises auf die Form, die sie als ‚uneigentlich', ironisch, gebrochen verwendete präsentieren und die Frage aufwerfen, ob ihr ansonsten zu beobachtender ubiquitärer Einsatz denn angemessen ist. Dieser Versuch einer schrittweisen Modifikation und Aktualisierung, der im allgemeinen wohl der Normalfall von Formentwicklung sein dürfte, ist in der Geschichte des Sonetts nach 1945 auf jene frühe Phase beschränkt. Seit den sechziger Jahren hat man es in der Regel mit dem spiegelverkehrten Fall zu tun, mit der Rehabilitierung von Traditionselementen gegen die allgemeine Formskepsis und mit dem Herausarbeiten positiver Züge vor der Grundierung ironischen und parodistischen Spiels.

Diese Aussage, die die Rolle des zweiten Kapitels als Kontrastfolie für die Kapitel IV.4 bis IV.6 verdeutlicht, gilt jedoch nur für die westdeutsche Literatur. In der DDR bestand hingegen eine Kontinuität eigener Art, die weniger in durchgehenden formalen oder inhaltlichen Konstanten begründet ist, als vielmehr in einem den Sonetten eingeschriebenen personenbezogenen Beziehungsgeflecht (vgl. Kapitel IV.3).

Hier von Intertextualität zu reden, sagt zu wenig. Denn der Dialog oder Polylog der Texte, der solcherart inszeniert wird, präsentiert sich erkennbar als Teil eines relativ homogenen und geschlossenen Literaturbetriebs, wie er in der DDR existierte. Ohne daß jemals wie im Westen ein deutlicher Bruch in der Tradition eintreten würde, nehmen viele Sonette mehr oder weniger direkt den Charakter des Gesprächs mit Kollegen an, knüpfen durch Widmung oder als Erinnerung Beziehungen über Generationen hinweg oder suchen Standortbestimmung im Selbstgespräch. Verständigungs- und Orientierungsleistungen in verschiedenstem Sinne werden durch die zur Konzentration und zum dialektischen Wechselspiel anhaltende Form begünstigt. Sie sind zwar fester Bestandteil der Geschichte der Reflexion über das Sonett und auch zeitgleich im Westen häufig erstrebte Effekte und herausgestellte Vorzüge der Form, doch fällt an der DDR-Sonettistik ihre durchgehende und verbindende Bedeutung auf. An wichtigen Wendepunkten, etwa Anfang der sechziger und Ende der achtziger Jahre, werden sie besonders betont, aber auch sonst spielen sie eine gewichtige Rolle. Bei einzelnen Autoren wie Rainer Kirsch kann man Kontinuitäten über Jahrzehnte hinweg feststellen, aber auch das Wiederaufgreifen analoger Funktionalisierungen in einer ganz neuen Autorengeneration ist signifikant.

Nach dem dritten Kapitel zum DDR-Sonett folgt eines, das eine für die bundesdeutsche Literaturszene der letzten zwanzig Jahre kennzeichnende Art und Weise des Umgangs mit dem Sonett vor allem an einem herausragenden Beispiel untersucht, nämlich das im Extrem bis zum Albernen und zur Formzerstörung führende Spiel mit der Form. Scheint es auf den ersten Blick Fortführung der Formskepsis der sechziger Jahre mit anderen Mitteln zu sein, so zeigt sich bei genauerem Hinsehen, daß sich darin sehr viel Sensibilität für die Möglichkeiten des Sonetts verbergen kann. Das ludistische und kombinatorische Moment ist der Tradition ja auch keineswegs fremd, spielte allerdings im deutschen Sprachraum in den letzten zwei Jahrhunderten eine untergeordnete Rolle. Insofern kann man neben modisch-postmodernen Tendenzen hier einen Rückgriff auf verschüttete Dimensionen der Form sehen, der Verengungen und Einseitigkeiten korrigiert. Die Beschreibung und Einschätzung der spielerischen Formverwendungen muß sich zwischen extremen Polen positionieren. Einerseits entfernen sich die entstehenden Texte so weit vom üblichen Formverständnis, daß der Bezug zum Sonett nur noch äußerst vage und beiläufig wirken kann. Andererseits läßt sich ihre Machart häufig auf eine derart konsequente und gewissermaßen potenzierte Anwendung von sonetttypischen Regeln zurückführen, daß sie geradezu als ‚non plus ultra' der Sonettmöglichkeiten erscheint.

Das zeitgleiche Pendant zu den formal innovativen Sonetten des Kapitels IV.4 bilden die in IV.5 behandelten. Sie sind formal eher konservativ, aber keineswegs epigonal. Ihr Umgang mit der Tradition ist durchaus reflektiert und das Verhältnis zur gewählten Form oft ironisch getönt. Durch die Ablehnung und parodistische Verspottung in den sechziger und siebziger Jahren scheint das Sonett gewissermaßen soweit geläutert worden zu sein, daß es auch ohne experimentelle Modifikationen wieder verwendet werden kann. Autoren, die ihre Modernität oder gar Postmodernität anderswo unter Beweis gestellt haben, müssen nicht mehr den Vorwurf fürchten, in eine anachronistische Literaturauffassung zurückzufallen, wenn sie Sonette schreiben. In spiegelsymmetrischer Umkehrung der Situation in der unmittelbaren Nachkriegszeit ist die Wahl der strengen Form vielmehr per se schon stark markiert, wird als überraschend, gewagt, als Begründung eines neuen Trends empfunden.[88] Das Neuartige dieser Sonette liegt gerade darin, daß man am Ende des zwanzigsten Jahrhunderts wieder auf die alte und überholt

[88] So wurde es etwa von Harald Hartung in einem Vortrag über ‚Wiederkehr der Formen' auf dem Lyrikertreffen in Münster 1981 diagnostiziert; s. Hartung (1985), S. 83-97.

geglaubte Form zurückgreift, ohne sie unbedingt in ihrer strukturellen Substanz zu verändern. Manche der Texte spielen noch mit der Diskrepanz von elaborierter Form und alltäglichem Gegenstand, aber wenn in einem Sonettzyklus die prekäre Situation von Literatur und insbesondere Lyrik in der Gegenwart zur Sprache kommt, dann ist das ein zugleich reflektierter und traditioneller Gebrauch der Form.

Das letzte der textanalytischen Kapitel, IV.6, wendet sich Gedichten zu, deren Einordnung als Sonette im Sinne einer Gattungszugehörigkeit besondere Schwierigkeiten bereiten würde. Sie verweisen zwar auf die Form, etwa durch die graphische Umsetzung des Strophenschemas oder durch die Kennzeichnung als Sonett im Titel, aber sie erfüllen elementare Formvorgaben nicht und/oder kombinieren sie mit gegenläufigen Gestaltungsmerkmalen. Das gilt zwar auch für Gattungsparodien des Sonetts, aber die in diesem Kapitel untersuchten Texte wird man nicht oder nur bedingt als Parodien ansprechen wollen. Sie verwenden die Sonettform in einer differenzierten Weise und verbinden sie mit einer komplexen Funktionalisierung, statt nur ihre einsinnige Verspottung zu bewirken - wenn sich ein solcher Effekt überhaupt einstellt. Die Kontamination des Sonetts mit anderen, divergenten formalen Mustern und der Einsatz von Sonettcharakteristika als Formzitat verweisen auf die Form, ohne sie notwendigerweise zu erfüllen, und rufen ihre Tradition auf, ohne sich umstandslos in diese zu stellen. Vielmehr machen sie diese selbst zum Gegenstand, kontrastieren frühere Bestimmungen der Form und darauf basierende Rezipientenerwartungen mit gegensätzlichen Mustern und gestalten diese Widersprüche als Objekt ästhetischer Erfahrung. Insofern ist dieser Sonderfall des Spiels mit der Form eine der markantesten, eindrücklichsten und reflektiertesten Verwendungsweisen des Sonetts und keineswegs nur ein ‚Grenzphänomen'.

IV. Analysen

1. Das Sonett als Form des Widerstands und politisches Vehikel: Von der inneren Emigration bis zu Grass' ‚Novemberland'

Das Eingangsgedicht einer in einem ‚Verlag für sozialistische Dichtung' in New York erschienenen, formal traditionellen, von einer humanistischen Haltung bestimmten Sonettsammlung eines Emigranten beschwört den Zusammenhang des ‚besseren Deutschland' mit der Dichtung und insbesondere dem Sonett:

> Am Hudson-Ufer steh' ich - keine Lichtung.
> New Yorker Nebel nimmt mir jede Sicht.
> Ich taste: Deutschland liegt in jener Richtung.
> Du bist so fern, doch ich vergass dich nicht.
>
> Durch fremde Länder zog ich. Manche Schichtung
> von fremder Weisheit hüllt die untere Schicht
> der Seele mir, die nur in Traum und Dichtung
> die Heimat sieht in nebelhaftem Licht.
>
> Vertrieben aus dem Land, wo ich geboren,
> in dessen Sprache all mein Sehnen sang,
> bedroht von Geisteshassern, Diktatoren,
>
> gesinnungsfeindlich jedem Freiheitsdrang,
> ich habe dennoch dich nicht ganz verloren:
> ich schaff' dich neu in meines Liedes Klang.[89]

Auch vielen inneren Emigranten galt das Sonett als Form des Widerstands, ja als Inbegriff der Form selbst, die man gegen die mit dem Chaos assoziierten Nazis setzte, somit auch als Symbol des guten Deutschland gegenüber dem schlechten der politischen Wirklichkeit.

---

[89] Erich Drucker: Aus fernen Ländern wir ... 24 Sonette um Deutschland. New York 1945, S. 7.

> Cette référence constante à deux Allemagnes, dont l'une n'est que la négation de l'autre, cette construction antithéthique, est typique du sonnet des Emigrants intérieurs; nous la trouvons dans les sonnets de Reinhold Schneider, de Siegbert Stehmann, dans les ‚Moabiter Sonette' d'Albert [sic!] Haushofer et dans les ‚Olympischen Sonette' (1936) de Jochen Klepper.[90]

So konnte über die beträchtliche Produktion an Sonetten der inneren Emigration während des ‚Dritten Reichs' gesagt werden: „Ils remplissent la fonction d'une sorte de Psychothérapie".[91] Jedoch ist über die allgemeine Funktion einer Schreibtherapie hinaus eine spezifische Funktion der gewählten Form und des Umgangs mit ihr festzuhalten:

> Das Sonett vermittelte durch seine stringente Verwendung eben auch die Illusion von Widerstand, bedeutete als vierzehnzeilige Anklageschrift auch Hoffnung, verkörperte als Formzitat die Besinnung auf ehemals gültige humane Werte. Der Zitatcharakter ist dabei wichtig. Das Sonett als solches hatte weder je geschichtliche Kraft, noch besaß es Einfluß auf Moral, Gesinnung oder Politik. Als Zitat erinnert es jedoch an die Geschichte seiner Entstehung und Verbreitung: dies war die Epoche des Humanismus, des ‚gelehrten Zeitalters'. So verstanden ist die Verwendung der Sonettform in dieser Zeit ein Bekenntnis, eine Stellungnahme für die Zivilisation und Kraft der Kultur, eine Position wider die Barbarei. Allein die Form hat Bedeutung, nicht der spezifische Inhalt.[92]

Der Begriff ‚Formzitat', den Schneider hier verwendet, ist oben in Abschnitt III in einer anderen Art und Weise bestimmt worden. Hier ist damit nur gemeint, daß die Form selbst eine bestimmte Semantik hat, daß ihre Vorgeschichte ihr als Bedeutungspotential anhaftet. Um dieses Potential zu aktivieren, bedarf es allerdings gerade keiner besonderen Verauffälligung der Form. Ihr Gebrauch allein ermöglicht die Zuord-

---

[90] Imhof (1993), S. 167.

[91] Imhof (1993), S. 174; Imhof bezieht die Aussage auf die Sonette von Jochen Klepper.

[92] Thomas Schneider: Gesetz der Gesetzlosigkeit. Das Enjambement im Sonett. Frankfurt/M. u. a. 1992, S. 57.

nung zu dieser Tradition, und ein wenig innovativer Gebrauch sicherer und zuverlässiger als ein gewagter, die Tradition modifizierender und transformierender. Die Form soll dem Inhalt die Weihe der Tradition verleihen und letztere möglichst unberührt lassen.

Man könnte als gemeinsamen Nenner eines Großteils der frühen Nachkriegs-Sonettdichtung also festhalten, daß die Form nicht zur Infragestellung, sondern zur Bestätigung eines Inhalts genutzt wird, welcher Couleur dieser auch sein mag. Insofern eignete dem Formgebrauch selbst etwas Konservatives.

> Gerade in der Jahrhundertmitte gab es den fatalen Zug, daß per Sonett alle Arten von Weltbildern, Meinungen, politischen und religiösen Parolen transportiert wurden, so daß das Sonett zum Vehikel und Instrument herunterkam. Einem konservativen Formgebrauch entspricht denn auch meist ein konservativer Vorwurf in dem Sinne, daß das Sonett im Gedicht die Aufgabe hat, jenen aufzuwerten, ihm durch seinen sonettischen Prozeß objektiven Rang und Wahrhaftigkeit zu erarbeiten.[93]

An Johannes R. Bechers Sonett ‚Als Stalin sprach' zeigt Schindelbeck, wie „die syllogistische Qualität der Sonettform als ein *Beweissystem* benutzt [wird], das die Glaubwürdigkeit dürrster rhetorischer Leerformeln stützen und ihnen objektiven Charakter geben soll."[94] Die in der Form angelegte Möglichkeit, einen Sachverhalt, vor allem einen problematischen, zunächst vorzugsweise in den beiden Quartetten zu präsentieren, um ihn anschließend in den Terzetten zu verdichten, anders zu perspektivieren, zu transformieren, bildet in der Dreischrittigkeit von These, Antithese und Synthese eine Analogie zum logischen Schluß. Diese ‚syllogistische Qualität' des Sonetts wird in solchen Fällen genutzt, um auf der formalen Ebene argumentative Stimmigkeit zu suggerieren. Es liegt auf der Hand, daß diese formale Stimmigkeit sich her-

---

[93] Schindelbeck (1988), S. 47.

[94] Ebd., S. 51.

vorragend zur Kompensation realer Unstimmigkeit eignet. Das Sonettieren und Sonett-Lesen bietet sich somit zur Kompensation von gesellschaftlicher Handlungsunfähigkeit an, wie sie in der Situation der inneren Emigration gegeben war, aber auch teilweise denselben Autoren in der Restaurationszeit der frühen Bundesrepublik wieder gegeben schien.

Ein wichtiges Beispiel sind Albrecht Haushofers ‚Moabiter Sonette', geschrieben während der Haft, veröffentlicht erst nach Haushofers Tod 1946 und dann mehrmals neu aufgelegt. Die weite Verbreitung dieser Sonette dürfte nicht nur als ein Akt der ‚Wiedergutmachung' zu verstehen sein, sondern auch mit dem in ihnen vertretenen Glauben an das ‚bessere Deutschland' und das Widerstandspotential seiner Kultur zusammenhängen.

Die großen Toten

Wenn sich das deutsche Schicksal ganz erfüllt:
Die Herren ohne Maß nur Knechte sind
und bleiben bis auf Kind und Kindeskind,
wenn alles winseln wird, was heute brüllt,

wenn alles kriechen wird in Schmutz und Pein,
und nichts mehr zeugt von echter Leidenschaft,
dann werden mit gewaltig strenger Kraft
die großen Toten ihre Sprecher sein.

Ein Kant, ein Bach, ein Goethe werden zeugen
noch lange für zerstörtes Volk und Land,
Auch wenn die Menge nie den Sinn verstand.

Nie brauchen große Tote sich zu beugen
vor Aberwitz und Schmach. Ihr Geist besteht,
solang der Atem Gottes aus ihm weht.[95]

---

[95] Albrecht Haushofer: Moabiter Sonette. Zürich 1948, S. 54.

Das wollte man gerne glauben, nachdem „sich das deutsche Schicksal ganz erfüllt" hatte. Bezüge auf Repräsentanten und Sinnbilder von Hochkultur und Humanität sind überaus häufig in den ‚Moabiter Sonetten'.

> Die Sonettform wird zum rhetorisch-poetischen *Machtmittel des Kulturmenschen* gegen Gewalt und Barbarei, der er ausgeliefert ist. Das ideale Harmoniemaß der Form wird zum Anwalt für die Sache des Verfolgten; und indem es die Traditionsbrücke schlägt zu klassischen, allseits anerkannten Werten und Vorstellungen, intendiert es, ein zusätzliches Gewicht objektiven Rechts für seine Sache geltend zu machen.[96]

Die Sonette der unmittelbaren Nachkriegszeit mit politischem Bezug kommen zum größten Teil aus dem Umkreis des Exils, der inneren Emigration und des Widerstands, sind mithin häufig nachgeholte Publikationen noch in der Nazizeit entstandener Texte. Die Gegenwart, mit der sie sich auseinandersetzen, ist zum Zeitpunkt, da sie einem breiteren Publikum zugänglich werden, schon Vergangenheit. Die verständliche und notwendige Beschäftigung mit dieser Zeit läßt daher den eigentlichen Gegenwartsbezug zurücktreten. Schon in den späten fünfziger Jahren beginnt jedoch eine politische Sonettistik, die sich den aktuellen gesellschaftlichen Verhältnissen zuwendet, die Sonettform eher unauffällig einsetzt, jedoch ebenfalls gerne den Anschluß an die Kulturtradition sucht, wie Stephan Hermlin durch das abgewandelte Schiller-Zitat am Ende des folgenden Sonetts von 1957.

Die Milch

Wissenschaftler stellten fest, daß Strontium 90 über die
aus radioaktiven Weiden stammende Milch in den
menschlichen Organismus gelangt und Leukämie hervorruft.

Ein seltsam Gras wächst auf im grünen Feld.
Ein neuer Regen hat es da benetzt.

---

[96] Schindelbeck (1988), S. 55.

Es weiden Herden unterm Wolkenzelt.
Was ist euch, daß ihr euch darob entsetzt?

Hier wächst die Milch heran, die Kinder nährt.
Sie sind kaum da. Doch ihre Zeit ist um.
Einst mütterliche Milch, die sie versehrt,
O du, tückisch durchblüht vom Strontium ...

Wer mit den Seuchen da zu Rate saß,
Ehe mit seiner Raubwelt er versank,
Plante Mißwuchs und Tod in einem Glas

Voll weißer Milch. Die macht Gesunde krank.
Wer hat in Gift verkehrt dich? Wer? Und was?
O Milch unfrommer Denkart, bittrer Trank ...[97]

Das Zitat ist hier weniger literarische Reminiszenz, dient nicht der Vergewisserung einer Tradition, sondern macht in seiner Verkehrung die Tragweite der Veränderung deutlich, die das Thema des Gedichts bildet. Die Milch, der Inbegriff des Unschuldigen, Reinen, Harmlosen, der deshalb sogar zu dessen metaphorischem Ausdruck dienen konnte, hat sich in ihr Gegenteil verkehrt. Der Bekanntheitsgrad des Klassikerzitats aus ‚Wilhelm Tell' garantiert die Wirksamkeit der poetischen Gestaltung auch bei einem breiteren Publikum.

1966 erschien ein Sonett von Christoph Meckel in der ZEIT und zwei Wochen später eine Antwort darauf von Meckels Freund Volker von Törne, wiederum in Form eines Sonetts. Damit begann ein Streitgespräch in Sonetten, das zunächst im privaten Austausch fortgesetzt wurde, dann 1967 gesammelt in einer Zeitschrift und auch selbständig erschien und nach von Törnes Tod von Meckel durch zwei Sonette ergänzt wurde.[98] Bei den ersten beiden Gedichten ist zudem die Ant-

[97] Hermlin (1990), S. 116.

[98] DIE ZEIT v. 21. 10. 1966 u. v. 4. 11. 1966; Christoph Meckel u. Volker von Törne: Die Dummheit liefert uns ans Messer. Ein Zeitgespräch. In: Kür-

wort durch weitgehende Übernahme der Reime und modifizierende Nachbildung der Konstruktionen besonders eng auf das vorangehende Sonett bezogen.

Rechts und Links

Was uns betrifft: wir wüßten es gern besser.
Jedoch wir sehn, wohin wir schauen aus
den Feuerstrahl und das gezückte Messer
und hörn den Donner rechts und links vom Haus.

Wir riefen gern: Die Welt wird schließlich besser,
wir haben Zeichen, daß sie es schon ist!
Statt dessen sehn wir: nur ein Abgewässer,
drein Leviathan wirft seinen Kot und pißt.

Wir sind mit Wahrheit bitterbös in Fühlung,
doch was wir tun, ist nur ein Wassertreten
im Wasserrad für Deutschlands Wasserspülung;

den Bach hinunter: Worte, Taten, Blut.
Was tun wir denn, als nur ein Unkraut jäten,
das, kaum gerupft, schon wieder wachsen tut.

Christoph Meckel

Antwort

Was mich betrifft: Ich weiß es besser
(und weiß doch auch nicht ein und aus).
Ich weiß: Die Dummheit liefert uns ans Messer
und setzt uns einen roten Hahn aufs Haus.

---

biskern (1967), H. 3, S. 46-51; selbständig: Berlin 1967; wiederabgedruckt mit dem veränderten Untertitel ‚Ein Streitgespräch in zehn Sonetten' in: von Törne (1981), S. 81-88; mit der Ergänzung durch zwei Sonette: Christoph Meckel: Die Dummheit liefert uns ans Messer. Ein Zeitgespräch in zehn Sonetten aus dem Jahre 1967 mit einer Fortsetzung des Gespächs im Jahr 1982. Berlin 1983; vgl. Schlütter (1976), S. 212f.

Du klagst, als wären es Naturgewalten,
was uns da brüllend in die Messer treibt,
als gäbs nicht Herrn, die Finsternis verwalten,
damit es dunkel in den Köpfen bleibt.

Wir sind mit Dummheit bitterbös in Fühlung
(und kaufen schließlich, wenn wir leisetreten,
die Sintflut ein als komfortable Wasserspülung).

Es nützt dir nichts, die Dummheit zu verachten.
Statt ihm die Läuse aus dem Pelz zu jäten,
lad ich dich ein, den Leviathan zu schlachten!

Volker von Törne[99]

Was auf den ersten Blick als elaboriertes Spiel erscheinen könnte und in der Tat seinesgleichen sucht, ist tatsächlich sehr effektsicher zur Verdeutlichung der unterschiedlichen inhaltlichen Positionen eingesetzt. Die in ‚Rechts und Links' schon im Titel formulierte Antithetik wird breit entfaltet („Jedoch", V. 2 - „Statt dessen", V. 7 - „doch", V. 10) und in den letzten beiden Versen pointiert zusammengefaßt. Die ‚Antwort' greift die Gegensätzlichkeit auf und steigert sie noch durch ihren im direkten Vergleich mit dem ersten Sonett besonders augenfälligen Widerspruch. Entsprechend dem Charakter eines Streitgesprächs werden die formalen Mittel rhetorisch nutzbar gemacht. Sie dienen der Vermittlung des politischen Gehalts und nicht der Verauffälligung der Form und dem Bezug auf eine literarische Tradition.

Daß mit der Tradition gleichwohl sehr bewußt umgegangen wird, ist jedoch ebenfalls offensichtlich. Hingegen findet man in den letzten beiden Jahrzehnten politische Sonette, vornehmlich auf der linken Seite des politischen Spektrums, bei denen man sich mit der Suche nach Traditionsbezügen, nach Motivationen für die spezifische Formwahl schwertut.

---

[99] von Törne (1981), S. 82f.

Sonett 2

Die Straßenbahn gleicht einem Fronttransport
So müde sehn die Männer aus als hätten
sie schon den Kampf verloren und zu retten
war nur das nackte Leben wenn vor Ort

das nasse Zeug am Leib vom Schweiße dampft
die Pulse jagen und die Schläfen pochen
alle Gelenke stechen wie zerbrochen
acht Stunden lang - Die Produktionsschlacht stampft

die letzten Kraftreserven aus den Hirnen
(In wieviel Jahren werd ich sein wie sie?)
Wann wird die Sehnsucht hinter diesen Stirnen

anstatt ein andres Dasein nur zu träumen
aufbrechen um die dumpfe Lethargie
wie Barrikaden aus dem Weg zu räumen[100]

Hier wird, im Unterschied zu manchen anderen ‚engagierten' Sonetten, keinerlei Bruch zwischen Formvorgabe und neuartigem Inhalt erzeugt. Auch die Pointierung ‚Aufbruch - Lethargie' im letzten Terzett ist regelgerecht. Doch gerade mit dieser Formerfüllung erscheint der Text doch als recht fremdartig in der literarischen Landschaft um 1980. Diese Indifferenz gegenüber der jeweiligen Konjunktur der Form ist jedoch kennzeichnend für den eher instrumentellen Gebrauch des Sonetts zu politischen Zwecken. Das folgende (völlig ernst gemeinte!) Sonett aus den neunziger Jahren kann man mit seiner schnörkellosen Deklamatorik wohl nur als Kuriosität einstufen.

Leben ist die einzig gültige Bewertungsgröße!
Wir müssen für uns selbst die Verantwortung tragen! [gen!
Rechenschaftspflicht für Abgeordnete, Versprechen einzukla-
Das Grundrechtssystem - unsere demokratische Größe!

---

[100] Liselotte Rauner: Schleifspuren. Gedichte, Epigramme, Sonette. Oberhausen 1980, S. 41.

Wer die Verfassung auslegt, der gestaltet sie!
Unseren demokratischen Weg müssen wir noch finden!
Auf solidarisches Handeln muß unser Menschsein gründen!
Unser Denken braucht Mut und viel Phantasie!

Ein Konzert der Erneuerungen muß erklingen!
„Wir haben die Erde von unseren Kindern nur geborgt!"
Humanität und Lebensfreude müssen wir erringen!

Dann haben wir für unsere Kinder vorgesorgt!
Die Militärpolitik gilt es zu ächten!
Verpflichtet zu sein, den Menschenrechten! [101]

Die Tradition des politischen Sonetts setzt auch Günter Grass' Zyklus von dreizehn Sonetten mit dem Titel ‚Novemberland' fort. Die Zeitangabe im Titel reflektiert einerseits die dem Text eingestaltete Schreibsituation, mit zahlreichen konkreten Einsprengseln von Alltagswahrnehmungen, jahreszeitlich geprägten Naturerfahrungen, Radio- und Zeitungsnachrichten. Andererseits verweist sie über ein zyklisches Zeitmodell auf eine historische Tiefendimension, denn im November liegen die wesentlichen Jahrestage der deutschen Vereinigung und, wie man weiß, noch andere wichtige Daten der deutschen Geschichte. Das jahreszeitliche Moment vermittelt zwischen beidem, zwischen dem augenblickshaften Erleben des schreibenden Individuums und den vergangenen geschichtlichen Ereignissen. Es bereitet so die Grundlage für das Herstellen politischer Zusammenhänge durch die Verknüpfung von Einzelerfahrungen und Reflexionen. Formal wird das Sonett zwar frei gehandhabt, aber mit einer starken Tendenz zur Bestätigung gerade der älteren Tradition, besonders deutlich im ersten Sonett mit seiner betonten Antithetik und Schlußpointierung.

---

[101] Heinz Dammeyer: Wachsende Verantwortung - mangelnde Courage: wir sind wieder wer? - Verfassungsspuren. Sonette. Paderborn 1995, S. 182; das Beispiel ist durchaus repräsentativ für die ca. 170 weiteren Sonette des Bandes!

Das Unsre

Breit liegt das Land, in dessen Lied wie in Prospekten
sich Schönheit weit gehügelt austrägt, gegen Norden flach,
besiedelt, eng (in dieser Zeit) bis unters Dach.
Wo sich die Kinder einst vor Vaters Zorn versteckten,

ist keine Zuflucht mehr, nein, nichts schließt mehr geheim.
So offen sind wir kenntlich, allseits ausgestellt,
daß jeder Nachbar, ringsum alle Welt
als Unglück treiben sieht, was unsres Glückes Keim.

Wo wir uns finden, hat verkehrte Konjunktur
uns fett gemacht. Dank Leid und Kummer satt,
schlug mästend Elend an als freien Marktes Kur;
und selbst auf unsre Sünden gab's Rabatt.
Still liegt Novemberland, verflucht zum tugendhaften Fleiß,
in Angst vorm Jüngstgericht, dem überhöhten Preis.[102]

Der formale Konservatismus ist nun gerade typisch für das politische Sonett. Die bekannte und eingespielte Form tritt, wenn sie mehr oder weniger regelgerecht verwendet wird, hinter den Inhalten zurück, dient als unauffälliges Vehikel. Das schließt eine originelle Nutzung der formalen Möglichkeiten im einzelnen nicht aus, bildet aber doch einen deutlichen Gegenpol zu dem spielerisch-kombinatorischen Moment.

Allerdings kann man durchaus auch einen Widerspruch sehen zwischen der wenngleich durch Routine in der Wirkung abgeschwächten, so doch höchst kunstvollen und tendenziell distanzschaffenden Form und dem ostentativen politischen Engagement. Versucht man, diesen Widerspruch mit dem Hinweis auf die notwendig melancholische Haltung des auf's bloße Zuschauen beschränkten, weil sich für politisch einflußlos haltenden Sonett-Ichs aufzulösen, so kehrt er als Widerspruch zwischen angeblicher Handlungsunfähigkeit und rhetorisch und formal durchgestalteter Sprachhandlung im Sonett wieder.

---

[102] Günter Grass: Novemberland. 13 Sonette. Göttingen 1993, S. 7.

Genau dies thematisiert das zweite von Wolf Biermanns beiden ‚Peking-Sonetten' von 1989 zum Massaker auf dem ‚Platz des himmlischen Friedens'.

Photos

Daß ich so gar nichts machen kann, das bringt mich um
Ich schneid mir mit der Schere Köpfe aus der „taz"
Ein Photo: Panzerwrack brennt auf dem Friedensplatz
In Peking aus. Und Menschenfleisch in Handschelln, krumm-
Geschlossen Männer zwischen halben Kindern, die
In tadelloser Uniform tun, was sie solln.
Ein Kopf: Portrait kurz vorm Genickschuß. Aus dem Volln
Lebt dieser Tod. Ein Titelfoto von *ap*
Zeigt Xu Guoming, ein Mensch mit Namen in Schanghai
Gebeugt hält er den Kopf, die Augen aber schlug
Dieser Prolet nicht nieder, hat noch nicht genug
Ach, der ist noch nicht durch, durch alle Quälerei

Ich bin so elend hilflos, stumm von A bis Z
Mein eignes Photo seh ich quasseln im Sonett [103]

Von solcher Nachdenklichkeit und reflektierten Formverwendung weit entfernt sind die Sonette neofaschistischer Provenienz, die im Zusammenhang mit politischer Sonettistik nicht unerwähnt bleiben können. Auf die Kontinuität dieser Produktion über das Ende der nationalsozialistischen Herrschaft hinaus ist schon hingewiesen worden. Im Hohenstaufen-Verlag des NS-Sonettdichters Gerhard Schumann erschien etwa noch 1985 ein Gedichtband des 1969 gestorbenen Mirko Jelusich, in dem er in einem Sonettenkranz die Zielsetzung und das Formverständnis derartiger Autoren zutreffend umschreibt:

Lied, Saga, Sang, wozu sie sonst erheben,
Als um zu zeigen, *wie* etwas geschehn:

[103] Wolf Biermann: Alle Gedichte. Köln 1995, S. 106.

Damit die Nachgeborenen mögen sehn,
Wie das Gesetz wirkt in der Völker Leben!

Das hohe Schicksal ward uns nicht gegeben,
Damit wir wie im Joch darunter gehn:
Es auf uns nehmend sollen wirs verstehn
Und, es verstehend, machtvoll aufwärts heben.

Darum das Lied. Darum der Himmelslaut,
Von anderm Stern gepflanzt in unsre Seele,
Als Köstlichstes uns heimlich anvertraut,

Daß unsre Epen, unsere Choräle,
In Formen zwingend, was chaotisch braut,
Beschwören Himmelsbrand aus Dunstgeschwele.[104]

Die Vorstellung von einem ‚Gesetz im Leben der Völker', das als darwinistische Auslese, als ‚survival of the fittest' der organizistisch gefaßten ‚Volkskörper' verstanden wird, führt zum Aufruf zu nationaler ‚machtvoller Erhebung', der die eigene Dichtung dienen soll. Der ‚Zwang' der Form erscheint in solchem Weltbild ebenso positiv wie auf anderen Feldern gewaltsame Disziplinierung, ‚Zucht und Ordnung', Kadavergehorsam: Sie ermöglichen selbsternannten ‚Führern', aus vagen Stimmungslagen (‚Dunstgeschwele') die Bereitschaft zur brandstifterischen Aktion zu ‚formen'. So allgemein, aber auch konkret, kann man das wohl deuten.

Konzepte wie ‚heilsamer Zwang der Form', ‚Zucht', ‚Disziplin' lassen sich sowohl mit der Sonettform als auch mit der faschistischen Ideologie verbinden und erklären die Attraktivität der Form. Außerdem wird das Sonett durchaus auch als Form des Widerstands betrachtet, sofern sich die Autoren mit ihren Überzeugungen als Außenseiter, ja als Verfolgte verstehen. Das ist etwa in Werner Schriefers Sonetten ‚Stimme

---

[104] Mirko Jelusich: Traum und Tat. Gedichte. Berg u. Bodman 1985, S. 63.

des Zorns' der Fall, in denen polemische und elegische Töne sich die Waage halten.

Verstummt im Hain des Vogels Lied:
Gram, Trübsal, Leid hockt in den Zweigen.
Welk, ohne Duft die Rose blüht,
Grau ist der Tag und groß das Schweigen!

Des Herdes Flamme jäh verglüht,
Zum Totentanze wird der Reigen:
Freude verweht, Frohsinn entflieht!
Klanglos, zerbrochen Flöte, Geigen!

Die Freiheit wurde uns geraubt,
Das Recht getreten in den Kot!
Entehrt, verhöhnt, geschmäht die Besten!

Zuchtlosigkeit erhebt das Haupt,
Und an des Vaterlandes Not
Sich schamlos die Verräter mästen! [105]

Rein formal betrachtet ist hier das Gegenteil von Geschmeidigkeit in der Formerfüllung zu beobachten. Diese Sprödigkeit, die sich durch ständige inhaltliche Wiederholung im Effekt noch verstärkt, wird jedoch als bewußt unzeitgemäße Härte und Unbeugsamkeit ideologisch gerechtfertigt. Die metaphorische Übertragung von der Formgestaltung auf die vertretenen Inhalte ist durchaus intendiert. So bezeichnet Martin Machule im Vorwort zu seinem ‚Fatum Germanicum' seine Sonette als ‚schwere Kost', die „in ihren harten Teilen nicht zeitlos" sei: „Ich verwende bewußt diese hohe, heilige Form, um mich mit einer Zeit auseinanderzusetzen, wie sie vor uns noch kein Geschlecht erlebt hat."[106] Da die prätendierte ‚Heiligkeit' in der Praxis als stereotype Formelhaftigkeit

---

[105] Werner Schriefer: Stimme des Zorns. Sonette. Vaterstetten 1969, S. 3.

[106] Martin Machule: Fatum Germanicum. Eine Symphonie in vier Sonettenkränzen. München 1979, S. 5, 6 u. 7.

und Wiederholung sattsam bekannter Schlagworte umgesetzt wird, geraten die Texte in der Tat nicht nur aus inhaltlichen Gründen zu einem unverdaulichen Brei:

Wie mich die Pflicht, die eherne, geheißen,
So will ich stehn zum alten Vaterland,
Zum großen, schönen, uns im Traum verheißen,
Und uns gegeben einst von Gott zum Pfand.

Was auch das Schicksal mag an Unglück kreißen,
Gerät der Erdkreis wiederum in Brand,
Ich will den Pakt, den teuflischen, zerreißen,
Solang ich atme: Kampf und Widerstand!

Nicht tot sind Treue mir und Ehr und Ruhm.
Nicht tot ist mir der Väter Heldentum.
Noch lebt in mir der Freiheit altes Recht.

Ich weiß: nur Wenge sind wie ich bereit.
Drum gürt ich mich mit letzter Einsamkeit
Und trete an zu heiligem Gefecht.[107]

Die Stichworte ‚Widerstand' und ‚Einsamkeit' erinnern an den Anfang dieses Kapitels. Mag man sich auch verständlicherweise scheuen, hier Verbindungen, auf welcher Ebene auch immer, herzustellen, so ist doch festzuhalten, daß die Form des Sonetts sich zur Bewältigung bestimmter psychischer Situationen anzubieten scheint, und zwar unabhängig von der tatsächlichen Lage und von der Geisteshaltung der Autoren und Leser. Aufgrund ihrer Bekanntheit und damit Verfügbarkeit und aufgrund von strukturellen Eigenschaften ist sie zur Selbstvergewisserung und zum quasi rituellen Austausch mit Gleichgesinnten besonders geeignet, was zu konservativen, in den letztgenannten Fällen sogar stereotypen Realisierungen der Form führt.

[107] Ebd., S. 35.

2. Aktualisierung in konservativem Umfeld: ‚Swing-Sonette'

Der Formgebrauch der unmittelbaren Nachkriegszeit wurde im historischen Überblick als überwiegend konservativ charakterisiert. Doch gibt es auch in dieser Zeit Ansätze zu Neuerungen, gerade bei Autoren, die ihre Gedichte als Reaktion auf die jüngste Vergangenheit und die gegenwärtige Lage verstehen. An drei Sonettbänden aus den Jahren 1945 bis 1949 sollen Spielarten einer solchen vorsichtigen Aktualisierung in einem konservativen Umfeld untersucht werden.

Rudolf Hagelstanges ‚Venezianisches Credo' entstand 1944 in Italien, wurde dort 1945 in kleiner Auflage illegal gedruckt und erschien schließlich 1946 im Insel-Verlag. 1950 hatte es schon eine Auflage von dreißigtausend Exemplaren erreicht. Die 35 Sonette fügen sich auf den ersten Blick gut in die Nachkriegszeit ein.

> In Form und Inhalt repräsentieren sie den lyrischen Zeitgeist. Hagelstange sucht bewußt den Anschluß an klassische Gedicht- und Werttraditionen und erörtert auf dieser Grundlage in lyrischer Entrückung die zeitgeschichtlichen Erfahrungen von Krieg und Nationalsozialismus. [...] Die Gedichtsammlungen dieser frühen Nachkriegszeit erweisen sich bei allen formalen, thematischen und weltanschaulichen Unterschieden in ihren Grundintentionen als recht kohärent. Mit den Romanen teilen sie eine Neigung zur metaphysischen oder religiösen Weltdeutung; und formal zeigen sie eine deutliche Affinität zu den klassischen Traditionen der abendländischen Literatur. Besonders das Sonett erfährt wieder, wie schon in den Krisenzeiten des Barock und des ausgehenden 18. Jahrhunderts, eine unverhoffte Blüte.[108]

In der Tat sind die Gedichte in ihrer sprachlichen Überhöhung, ihrer religiösen Tönung und dem gleichsam prophetischen, zeitenthobenen Gestus des sprechenden Ichs den zeitgenössischen Sonettbänden etwa von Albrecht Haushofer oder Reinhold Schneider vergleichbar. Doch

---

[108] Peter J. Brenner: Nachkriegsliteratur. In: Deutsche Literatur zwischen 1945 und 1995. Eine Sozialgeschichte. Hg. v. Horst Albert Glaser. Bern, Stuttgart u. Wien 1997, S. 33-57, hier S. 36f.

schaut man genauer hin, so findet man gewisse Unterschiede. Es ist eine Lockerung in der ‚Strenge' der Form festzustellen. Strophengrenzen fallen nicht mit Satzgrenzen zusammen, und in mehr als der Hälfte der Fälle ist das auch bei der Grenze zwischen Quartetten und Terzetten nicht der Fall, bei Haushofer und Schneider hingegen so gut wie immer. Das könnte an die Rilkeschen Sonette mit ihren überaus häufigen Enjambements erinnern, doch behält Hagelstange den traditionellen Reim bei und vermeidet allzu gewählte Wendungen und Wortschöpfungen. Im Gegenteil, die formalen Forderungen bei Reim und Metrum werden erfüllt, ohne daß allzusehr vom alltäglichen Ausdruck und dem natürlichen Sprechrhythmus abgewichen würde.

> [...] Haben
> wir nicht den Schwur getan als Knaben,
> daß groß und rein das Leben werden muß?
>
> Und gingen hin und haben ihn vergessen
> und haben das vertan, was wir besessen,
> als hätten wir davon im Überfluß? - -[109]

Dieses Verfahren gibt den Texten einerseits eine gewisse Leichtigkeit und Geschmeidigkeit, andererseits auch eine besondere Spannung, weil die letztendliche Erfüllung des formalen Schemas zwar erwartbar ist, aber als weniger gesichert erscheint als in den Sonetten von Haushofer und Schneider. Die Form demonstriert also eine ‚Lösung' und eine Ordnung, die nicht vorgegeben und auch nicht erzwungen wirken. Sie kompensiert damit die inhaltliche Vagheit und die melancholische, wenig zielgerichtete Grundhaltung der Gedichte, die etwa im folgenden Beispiel deutlich wird.

---

[109] Rudolf Hagelstange: Venezianisches Credo. Wiesbaden 1946, S. 13.

Ihr müßt euch wandeln. Aber anders als die Schlangen
und als die Schafe nach der Schur.
Denn diese legen ab, was die Natur
selbst nimmt, um wieder Gleiches zu empfangen.

Ihr habt euch selbst verlassen, und der Schatten,
den Ihr geworfen habt, geht nun allein
und überredet sich, ein Mensch zu sein.
Wo sind wir? Was sind wir? Wir hatten

doch einmal ein beseeltes Lachen
und eine Träne, die das Mitleid rief.
Wir hatten Träume, Götter und Dämonen.

Oh, gäb es das: noch einmal nur erwachen
und eine Stunde still und rein und tief
im Garten unserer Kindheit wohnen . . .[110]

Die formale Lizenz der Sonette des ‚Venezianischen Credo' scheint gering zu sein, fällt aber doch auf in einem überaus konservativen Umfeld, in dem die meisten Veröffentlichungen formal hinter Rilke und den Expressionismus zurückgehen, und sie tritt umso mehr hervor, als die Gedichte sich hinsichtlich Inhalt und ‚Stimmung' in dieses Umfeld bruchlos einfügen. Mit der kleinen Abweichung wird doch ein deutlicher Effekt erzielt, der im direkten Vergleich mit zeitgenössischen Sonetten offen zutage tritt.

Wesentlich stärker sind die formalen Variationen in einem Sonettband von Mauricio Boersner, in dem die jüdische Geschichte, nicht nur während der Zeit des Nationalsozialismus, im Vordergrund steht.[111] Hier findet man neben den traditionellen Spielarten des Petrarca-Sonetts und des englischen Sonetts eine enorme Zahl von Sonderformen, die aber alle als Sonette gelten sollen. Am häufigsten ist die Vertauschung

---

[110] Ebd., S. 12.

[111] Mauricio Boersner: Aber die Götter wollen die Freude. Sonette. Hamburg 1949.

von Quartettpaar und Terzettpaar. Allein mit dem Reimschema abc/abc/deed/fggf kommt sie unter den etwa hundert Texten zwölf mal vor. Daneben gibt es jedoch auch die Einrahmung der beiden Terzette durch die Quartette, den umgekehrten Fall, vier Terzette und ein Couplet, zwei Quartette und drei Couplets, und Erweiterungen solcher vierzehnzeiligen Kombinationen um zwei oder auch drei Verse. Diese Vielfalt an Stropheneinteilungen wird noch durch die an Reimordnungen gesteigert. In manchen Gedichten, wie dem folgenden, läßt sich leicht ein Zusammenhang zwischen Formentscheidung und Thema herstellen.

KZ

O Ohren gib, dies letzte Grau'n zu hören,
o Lippen, diesen blut'gen Schorf zu küssen,
gib uns, Natur -, sonst halten wir's nicht aus,

sonst sind wir nicht mehr Mensch -; selbst Teufelschören
muß noch der Laut im Munde stocken, müssen
die Pulse stille stehn -; weh, weh des Blau's

der Himmel, weh des Grün's der Frühlingsflur,
der Wolken Licht -, weh uns: wie dürfen wir
in ihre Farben tauchen? alles hier,
jede Gebärde, unsrer Leiber Spur

macht unrein sie, macht sündig sie, und doch:
sie wissen nicht um euch und eure Not!
wir aber wissen, wissen euren Tod!
wir wissen ihn - und weh! - wir leben noch . . .[112]

Die Sprachlosigkeit angesichts des unsagbaren Grauens hätte hier eine bündige Verdichtung des Themas auch in der formalen Anordnung Quartette - Terzette leicht unglaubwürdig gemacht. Das Ausschwingen

[112] Ebd., S. 12.

und Verwehen der Klage am Schluß kann jedoch durchaus als die adäquatere Darstellungsweise einleuchten. Das nächste Gedicht scheint diesen Zusammenhang sogar metapoetisch zu reflektieren.

Der Schrei

O klinge nicht, geliebtes Saitenspiel,
ruf nicht die Wehmut, nicht das Glück herbei,
und nicht Beseligung sanftbewegter Trauer -,

nein, ächze, wimmre -, wie der Federkiel
sich sträubt, dem namenlos verhallten Schrei
der Kreatur zu leihen ewige Dauer.

Der Kreatur, gehetzt, zerfetzt, gepeinigt . . .
Gott schuf sie doch in Seinem Ebenbilde.
Ihr aber, Knechte, ihr, verruchte Gilde,
ihr habt des Schöpfers Ebenbild gesteinigt.

Und mit dem Ebenbild den Schöpfer. - Gott,
mein Saitenspiel kann diesen Schrei nicht tönen;
es ruft Dich an, Dich niemals ihrem Spott,
nie ihrer Henkersreue zu versöhnen.[113]

Auch hier die bevorzugte Formvariante der Umkehrung von Quartetten und Terzetten - im ersten Terzett wird das verneint, was durchaus als Charakteristik der meisten Nachkriegssonette passen würde, und im zweiten Terzett wird die pointierte Begründung für die Ablehnung gegeben: Eine solche Gestaltung würde dem Vernichteten einen scheinhaften Bestand zuschreiben und damit falschen Trost spenden. Damit wäre ein perfekter Sonettschluß erreicht, nur steht er hier am Anfang und wird gefolgt von einer Anrufung Gottes, die die schon ausgesprochene Position des Sprechers nur noch wiederholt. Es ist nichts auf den Punkt zu bringen, so wäre hieraus zu schließen, sondern nur immer

---

[113] Ebd., S. 14.

erneute fortgesetzte Klage zu führen. Die ständige formale Variation bekommt von daher eine allgemeine Funktion. Sie bekräftigt immer wieder auf's neue den performativen Widerspruch, über Unsagbares zu sprechen, indem man die lyrische Form wählt, die am nächsten zum logischen Schluß, zur argumentativen Stellungnahme, zur rhetorischen Pointe steht, und sich ihr doch beständig abweichend entzieht, ja ihr sich verweigernd entgegenarbeitet.

Heinz von Cramers ‚Swing-Sonette' erneuern die Form auf ganz andere Weise.[114] Der Wehrmacht-Deserteur, der nach dem Krieg zum Rundfunk geht und später vor allem als Autor von Opernlibretti und Hörspielen hervortritt, greift hier die Musikformen auf, die die alliierten Besatzer mitbrachten und die den Deutschen der Nachkriegszeit als besonders neuartig erschienen, um damit die Sonettform programmatisch zu aktualisieren.

> *Swing-Sonette*
> Versuch, unserer ein wenig prähistorischen Historie durch das einfache, primitive Tempo barbaro des Swing näherzukommen, als es den raffinierten Barbaresken des Expressionismus gelang.
> Programmatisch: Die Wirkung des Phänomens Jazz - überall teils verborgen, teils offen in den Kunstgattungen spürbar - einmal ganz ohne literarische Bedenken, ohne ästhetische Vorsicht, am Wort, am Gedicht zu versuchen.
> Theoretisch: Not, Leid, Gemeinheit, Mord, Ekel, Angst, Alpdruck, Überdruß und Sehnsucht sollen in der Gegenüberstellung mit den lasziven Tanz-Titeln des Jazz aktiv werden wie Krankheitserreger, die Grundeinstellung des Swing soll durch ihre eisige Härte und nervöse Objektivität, ihre tief verborgene Leidenschaftlichkeit sowohl eine Romantik des Hungers, als auch eine Naturalistik der Reportage - vor allem aber die Nebelschwaden symbolischer Parabeln - vermeiden helfen.
> Praktisch: Die Sonett-Form komprimiert den Song-Inhalt, zwingt ihn aus dem Zerfließen in freien Rhythmen zur Konzentration auf das Wesentliche, aus dem Erzählen und Nachplaudern ins Andeuten und Ausdeuten. Der Song-Inhalt löst die Sonett-Form aus ihrer ästhetischen Abgeschie-

[114] Heinz von Cramer: Swing-Sonette. Berlin u. Bielefeld 1949.

denheit und zeigt, daß sich auch in abstrakten Dichtformen die Möglichkeit der Aktion, der Aggression verbirgt.[115]

Das Pathos der uneingeschränkten Parteinahme für eine auf bestimmte Art verstandene ‚Moderne' erinnert durchaus an den Expressionismus, der eingangs im Zitat angesprochen wird, oder auch den Futurismus, und wirkt heute recht fremdartig. Es wird besser nachvollziehbar, wenn man sich etwa die übrige Nachkriegs-Sonettistik vor Augen führt, die jede Menge falscher Romantik und symbolischer Überhöhung bietet. Die Zeit-Diagnostik, die die Basis für diese positive Einschätzung des Neuen in Gestalt der populären amerikanischen Musik bildet, wird zu Beginn der Erläuterung zum Stichwort ‚Swing' deutlich.

> Tanz auf den erloschenen Vulkanen der Romantik - Ritualbewegung vor den Überlandzentren der Expression - Bluttransfusion für blutarme Realisten aus dem Pulsschlag der Elektrizität - Marathonlauf vom Ätna zum Atomgelände: die „Wissenschaft von den Explosionen" zu retten - Autorennen der Kontinente, Motorradjagd der Stile, Fahrradkonkurrenz der toten Götter auf den Krater-Rändern dieses Mondplagiats: Europa.[116]

Die Erläuterungen zu den Gedichttiteln, die aus Fachbegriffen des Jazz wie ‚Jitterbug', ‚Blues' oder ‚Jam Session' bestehen, sind teils Worterklärung, teils auch ansatzweise Selbstdeutung. So findet sich in der Anmerkung zu ‚Dixieland-Jazz' ein Hinweis auf die Verwendungsweise des musikalischen und literarischen Materials:

> Erinnerung an die Ragtime-Zeit. Variationsarmer, klopfender, etwas phantasieloser Rhythmus aus den zwanziger Jahren - heute oft als reizvolle Reminiszenz ausgegraben und erneut zelebriert. Parallelversuch mit einer sozialen Zeile aus dem „Stundenbuch" von Rilke. Paraphrase 1946 ... „Da wachsen Kinder auf an Fensterstufen ..."[117]

---

[115] Ebd., S. 42f.

[116] Ebd., S. 39.

[117] Ebd., S. 47.

Der Anachronismus der musikalischen Form soll hier also gedoppelt werden durch den Anachronismus des Rilke-Zitats, während insgesamt der Anachronismus der literarischen Form des Sonetts durch die Aktualität der Bezüge zur zeitgenössischen Musik in den Titeln kompensiert werden soll. Aber auch die formale Gestaltung der Texte selbst versucht, Entsprechungen zum Musikalischen herzustellen. So sind die Sonette der Reihe ‚Breaks' ebenfalls kurze, rhythmisch verknappte Zwischenspiele.

Break III

Dann das Ende:
Nebelquellen.
Greise bellen
spitz in Knochenhände.

Eisbergbrände.
Nachtplaneten.
Engel jäten
Frostgelände.

Vogelstrich
wie gelbe Zähne.
Mondlichtsträhne.

Gott liebt sich.
Er liebt sich tot.
Dann verpufft sein Morgenrot . . .[118]

Formerfüllung und Minimalismus treffen hier zusammen, vor allem in den Einwortversen. Der besondere Reiz liegt darin, daß die Minimalisierung zu einer Erschwerung der Formerfüllung führt - ein Zusammenhang, der in der Sonetttradition schon früh spielerisch genutzt wurde.

---

[118] Ebd., S. 17.

Hier kommt der Parallelismus zu dem im Titel genannten musikalischen Formelement als Anforderung hinzu.

Nicht immer entsteht aus der Kombination von Titel und Text ein solches Zusammenwirken auf der Formebene. Der Titel des folgenden Gedichts erhält erst durch die Anmerkung einen Bezug zum Text des Sonetts und verstärkt dessen sarkastischen Ton: „Älterer Schlager, der noch ein Gnadendasein fristet."[119]

Swinging Christopher Columbus

Vorm Hintergrunde einer „Leda mit dem Schwan"
faßte den Mann des Todes Frostnarkose.
Wind bog die Pappverschläge lose
und stäubte Schneekristall auf graue Leinwandplan.

Den Mann verließen Traum und Angst und Bann.
Der Tod nahm ihn wie eine Herbstzeitlose.
Reif setzte sich wie Staub an seine Hose,
noch eh der letzte Tropfen Blut gerann.

Dann fand man ihn wie alle Menschenscherben.
Selbst in der Zeitung stand sein Dutzendname.
Doch es erschreckte keiner und es gab auch nichts zu erben.

Nur jene Leda konnten Schnee und Frost nicht färben.
Sie war von Caravaggio. Und das ist kein Dutzendname.
Im Angesicht Europas ist ein leichtes Sterben.[120]

Der Sarkasmus und das Spiel mit kulturellen Versatzstücken wie Caravaggios ‚Leda' werden als Gegengewicht zur Erfahrung des Nachkriegselends eingesetzt, um sich nicht in wohlfeiler Gefühligkeit zu verlieren. Insofern ist der emotionale Widerstreit, den solche Texte bewirken können, Programm, wie es auch die Anmerkung zu der Sonettfolge

---

[119] Ebd., S. 45.

[120] Ebd., S. 20.

‚When the angels sing' zum Ausdruck bringt: „Gemütlich-gefühlvoller Foxtrott, der plötzlich und verblüffend in eine Art Cancan übergeht. Dann aber wieder zum Gefühl zurückkehrt. Ein wenig Blasphemie der Blasphemie ..."[121]

Inhaltlich beschäftigen sich die Gedichte überwiegend mit den Schattenseiten der Trümmerjahre, und allein diese Hinwendung zum Alltag und zur Aktualität unterscheidet sie von anderen Sonetten der Zeit. Die dem Jazz entlehnten Titel überziehen die Sammlung im Zusammenwirken mit den Anmerkungen mit einem Netz von Leseanleitungen und ‚Tönungen'. Dadurch wird sowohl der Eindruck einer Sozialreportage als auch der von Sentimentalität vermieden. Die Verbindung zweier ganz heterogener Formtraditionen aus Literatur und Musik bleibt in ihren Effekten zwar beschränkt, das Spiel mit solchen gegenläufigen Formvorgaben weist jedoch auf Entwicklungen voraus, die viel später in den Vordergrund treten.

---

[121] Ebd., S. 47.

3. Das Sonett als Verständigungstext: Die DDR-Tradition

Die Sonettform hat in der Literatur der DDR eine wesentlich anderen Stellenwert als in der westdeutschen Literatur. Vor allem scheint das im Westen so signifikante Auf und Ab in der Wertschätzung und Beurteilung der Form im Osten völlig zu fehlen. Hier findet man eine ausgeprägte Konstanz in der Beschäftigung mit dem Sonett, bei einzelnen Autoren über Jahrzehnte hinweg, und vor allem eine immer wieder erneute Verwendung des Sonetts als ‚Verständigungstext' in mehrfachem Sinne: Zum einen, und das durchaus traditionell vorgeprägt, um sich mit sich selbst und über die eigene Situation zu verständigen, aber, und dies ist schon eher DDR-typisch, zum zweiten auch als Verständigung mit den Autorenkollegen und mit einer teils gemeinsam entwikkelten, teils von Lehrern oder Vorbildern übernommenen eigenen spezifischen Sonetttradition. Dieses Herausheben und Verstärken einer historisch gesonderten Traditionslinie durch wechselseitige Bezugnahmen schafft offenbar eine Vertrautheit mit der Form, die auch nachwachsende Generationen von Schriftstellern ganz selbstverständlich zu ihr greifen läßt, ohne daß damit unbedingt der im Westen übliche Distanzierungseifer verbunden wäre.

Die spezifische Sonetttradition der DDR-Literatur, die hier verfolgt werden soll, nimmt ihren Ausgang weniger bei den klassizistischen Sonetten J. R. Bechers als bei Georg Maurer, der 1948 eine Folge von dreimal 21 Sonetten unter den Titeln ‚Befreiung', ‚Der Mensch' und ‚Die Schaffenden' mit dem folgenden Plädoyer für das Sonett als geeigneter Form auch für neue revolutionäre Inhalte begonnen hat.

> Wünscht ihr im strengen Joche von Sonetten
> der wahren Freiheit erzentsprungnen Klang
> und seinen Lauf, der bis zur Zukunft drang,
> behindert durch der Reime Rosenketten:

wohlan! es ist der herrlich neue Sang
nicht zahmer in den längstgewohnten Betten
und weiß das Herz des Sturms auch noch zu retten
in dem gemessnen alten Silbengang.

Das Kleid der Schönheit, Revolutionär,
wirf um die Schulter und entzück den Sinn
der Menschheit, die erschreckt noch her und hin

in Fieberkrampf und leerem Ungefähr
die Hölle meint zu hören, wo schon Tuben
des Himmels sich in unsre Ohren gruben.[122]

Zwischen dieser noch stark humanistisch getönten Sammlung voller Pathos und allegorischer Bildlichkeit und den ‚Zweiundvierzig Sonette' von 1953 erfolgt Maurers Wandlung zum Marxisten und zu einem Sonettisten, der mit der Form schon wesentlich flexibler umgeht.[123] Doch für die Entwicklung des Sonetts dürfte der Lehrer Maurer noch wichtiger als der Autor gewesen sein, denn er lehrte von 1955 bis zu seinem Tod 1971 am Leipziger Literaturinstitut und beeinflußte eine ganze Generation von DDR-Autoren, die dort studierten, wie Kurt Bartsch, Heinz Czechowski, Adolf Endler, Rainer Kirsch, Sarah Kirsch und Andreas Reimann. Diese gemeinsame ‚Herkunft' aus dem Leipziger Institut, regionale Zusammengehörigkeiten wie die innerhalb der dann so genannten ‚Sächsischen Schule' und die spezielle Situation der Schriftsteller in der DDR führten dazu, daß die Geschichte des Sonetts in der DDR-Literatur mit vielerlei persönlichen Bezügen zwischen den Autoren verwoben ist, die sich deutlich erkennbar in den Texten niederschlagen. So häufen sich Widmungs-Sonette an Kollegen oder Reminiszenzen wie die folgende von Andreas Reimann:

---

[122] Georg Maurer: Gesänge der Zeit. Hymnen und Sonette. Leipzig 1948, S. 31.

[123] Georg Maurer: Zweiundvierzig Sonette. Berlin 1953.

Wenn ich an Georg Maurer denk

Ein leben für die dichtung! - doch nicht minder
ein leben, meister, für die anekdote:
wir tranken roten wein im abendrote,
und unterm hintern bordstein! Und: im winter!

Welch inszenierung einer lockerheit!
Nun ist sie also spruch-reif, wie sie's planten,
Leibhaftig werden alle, die sie kannten,
den fakt bezweifeln. Gut so!: Seinerzeit

erklärten sie: „Die müssen von dir reden,
Weshalb und wie ist gleich!“: O marktwirtschaft,
mir auf dem rinnstein ahnungsvoll erhellt!

Nun meng ich in gazetten mich in jeden
gezwerge-krieg und spend gerüchten kraft,
weil sonst die muse mir vom fleische fällt ...[124]

Im Unterschied zu solchen Verbundenheitsbezeugungen setzte der Neuanfang der DDR-Lyrik und auch des Sonetts in den sechziger Jahren zunächst mit Distanznahmen ein, die aber eben charakteristischerweise nicht zu einem Verzicht auf die traditionellen Formen als solche führte.

Meinen Freunden, den alten Genossen[125]

Wenn ihr unsre Ungeduld bedauert
Und uns sagt, daß wirs heut leichter hätten
Denn wir lägen in gemachten Betten
Denn ihr hättet uns das Haus gemauert -

---

[124] Andreas Reimann: Das Sonettarium. 1975 bis 1995. Leipzig 1995, S. 39; vgl. Rainer Kirschs Erinnerung an Maurer in dem Sonett ‚Pelmeni II‘ in: R. K.: Ausflug machen. Gedichte. Rostock 1980, S. 45f.

[125] Rainer Kirsch (1980), S. 12.

Schwerer ist es heut, genau zu hassen
Und im Freund die Fronten klar zu scheiden
Und die Unbequemen nicht zu meiden
Und die Kälte nicht ins Herz zu lassen.

Denn es träumt sich leicht von Glückssemestern;
Aber Glück ist schwer in diesem Land.
Anders lieben müssen wir als gestern
Und mit schärferem Verstand.

Und die Träume ganz beim Namen nennen;
Und die ganze Last der Wahrheit kennen.

Dieses Sonett gehört zu den Texten, mit denen im Jahr 1962 eine neue Generation von Autoren an die Öffentlichkeit trat, zu der auch die oben erwähnten aus dem Umkreis des Leipziger Literaturinstituts gehören und die nach dem Prominentesten unter ihnen zuweilen auch die ‚Generation Volker Brauns' genannt wird. Zwischen 1930 und 1945 geboren, war sie als erste völlig von der DDR geprägt. Die Skepsis gegenüber dem Erreichten, die in solchen Gedichten zum Ausdruck kam, stieß sofort auf heftige Kritik.[126] Das Sonett spielte von Anfang an eine wichtige Rolle in dieser Autorengeneration, nicht nur bei Karl Mickel und Rainer Kirsch. In einer Anthologie von 1964 finden sich auch Sonette von Sarah Kirsch, Klaus Möckel und Bernd Wolff.[127] Im gleichen Jahr entstand ein Sonett von Karl Mickel, das zweierlei illustriert: einmal die schon erwähnte Neigung, Gedichte, aber eben insbesondere auch Sonette als Grußbotschaften an Kollegen zu verwenden,

---

[126] Vgl. Hartung (1985), S. 98f.; zum Vergleich s. die Folge von vier Sonetten ‚Dichter und Partei' von Wolfgang Fabian in: Fechner (1969), S. 276f., die die staatstragende Position wiedergeben.

[127] Sonnenpferde und Astronauten. Gedichte junger Menschen. Hg. v. Gerhard Wolf. Halle 1964; vgl. die zur selben Zeit entstandenen Sonette von Volker Braun in: V. B. : Texte in zeitlicher Folge. Bd. 3. Halle u. Leipzig 1990, S. 79-90.

und zum zweiten die Flexibilität im Umgang mit der Form gerade bei Mickel, welche Traditionsbezogenheit jedoch einschließt.

An T.

Die Bäume draußen wie aus Stein gehaun.
Ich liege im Liegestuhl, rauche
Dicke Zigarren, das Bier ist kalt
Hier saß ich vordem mit Dir.

Auf mir die flimmernde Säule Luft:
Ich atme. Über die Straße, in Bächen
Rinnt Staub, Wolken
Stürzen ins Baumwerk, das seh ich

Einmal sich biegen, der Donner kracht
Oder die Stämme zerreißen, was weiß ich.
Plötzlich geht alles dahin

. . . .
. . . .
. . . .[128]

Das an B. K. Tragelehn gerichtete Gedicht beginnt im ersten Quartett mit einer Darstellung der Szenerie, in der sich das wahrnehmende Ich befindet und sich von seiner Wahrnehmung zur Erinnerung an das Zusammensein mit dem Adressaten des Sonetts an derselben Stelle leiten läßt. Das zweite Quartett setzt diese Situation einer ruhigen Sicht auf die Dinge fort und resümiert sie zudem an seinem Schluß: „das seh ich". So erscheint es aus der Perspektive vom ersten Quartett her gesehen, sozusagen in Leserichtung des Gedichts. Vom folgenden Terzett aus betrachtet zeigt sich jedoch, daß hier schon der Umschwung erfolgte. Der Satz wird im Enjambement fortgesetzt, das nicht nur die Strophengrenze, sondern auch die erste Wahrnehmung des zweiten Quar-

[128] Karl Mickel: Odysseus in Ithaka. Gedichte 1957 - 1974. Leipzig 1976, S. 66.

tetts durchbricht. Entsprechend werden die Einschätzungen unsicher: „was weiß ich". So plötzlich, wie der Wetterumschwung kam, endet das Gedicht, ebenso vorzeitig, wie die sich eben erst aus der ruhigen Wahrnehmung zu entwickeln scheinende Reflexion.

Handelt es sich hier nun um eine Durchbrechung oder um eine Erfüllung der Formvorgaben? Das als fehlendes im Gedicht enthaltene zweite Terzett bringt ja tatsächlich die Pointierung des prozessualen Ablaufs im Text. Sein Fehlen ist als Fehlen dessen, was hätte kommen müssen, wenn es nicht alles anders gekommen wäre, in der Tat die Pointe des Sonetts.

karl mickel

Am linken des tyrrhenischen Meeres Ufer
Wo stöhnend schäumen Wellen windgepeinigt
Ich sahe jäh das Laubwerk hochbedeutend
Das rechtens ich auf Blatt um Blatt beschreibe.
Amor, in meiner Seele innen, kochte
Der blonde Zöpfe meinem Hirn ficksiert hat
Mich trieb er; daß doch ich in diese Rinne
Hineinfiel, unterm Grase diese, kopflos.
Allein ganz zwischen Wälderchen und Hügeln
Ich fühlte Scham, weil ehrenhaftem Herzen
So wenig reicht, nicht andern Stachel braucht ich.
Es freut mich freilich nun die Übertragung
Vom Aug zum Fuße, da der Fuß ja naß ist
Mag milderer April die Augen trocknen.[129]

Karl Mickel hat ja vor allem reimlose Sonette geschrieben, in denen der Reim nur für besondere Hervorhebungen, etwa der Schlußpointe, Verwendung findet. Zumindest insofern scheint Andersons Gedicht sich nicht nur an Mickel zu richten, sondern auch in seiner Tradition zu stehen. Es erfüllt auch die formalen Forderungen nach Zeilenisometrie

---

[129] Sascha Anderson u. Ralf Kerbach: totenreklame. eine reise. texte und zeichnungen. Berlin 1983, S. 91.

und Übereinstimmung von Strophenschluß und Satzende, denen sich die neueren DDR-Autoren wie Anderson, Stefan Döring und Bert Papenfuß-Gorek ansonsten eher verweigern.[130] An denselben Autor ist das folgende Sonett von Volker Braun gerichtet.

An Mickel[131]

Du auch hast deine Art, bei Sinnen bleiben
Ohne wie sonstwer daß du alles fliehst.
Den Riß der Welt zwischen den Beinen siehst
Kopiert du annehmbar sich dran zu reiben.
Das *hilflose*, sagen die Professoren
Ich, die sich nur behelfen wo sie dürfen
Du aber mußt den Grund der Suppe schlürfen
Wo nichts bleibt. Das nennen die verloren.
Und anders Mottek, der die Zukunft schaut
Unsägliches sagbar in deinem Vers.

---

[130] Siehe etwa ihren gemeinsamen Band: Sascha Anderson, Stefan Döring, Bert Papenfuß-Gorek: Ich fühle mich in Grenzen wohl. Fünfzehn deutsche Sonette. Berlin 1985, in dem sich reimlose Texte mit unterschiedlichsten Strophengliederungen und teilweise starken Abweichungen von der Isometrie finden; vgl. außerdem reimlose Sonette aus dem Jahr 1986 von Papenfuß-Gorek (Bert Papenfuß-Gorek: vorwärts im zorn usw. gedichte. Berlin u. Weimar 1990, S. 55-58), von Sascha Anderson in: Literatur im technischen Zeitalter (1987, S. 80) und drei Vierzehnzeiler von Durs Grünbein in dem Band ‚Schädelbasislektion' von 1991 (Durs Grünbein: Von der üblen Seite. Gedichte 1985-1991. Frankfurt/M. 1994, S. 99-101), alle drei reimlos bis auf das erste mit Paarreim am Schluß, ohne Stropheneinteilung, aber mit annähernd isometrischen Zeilen. Daß zeitgleich auch traditionellere Gestaltungen des Sonetts weitergeführt wurden, zeigt der Sammelband: Ein Molotow-Cocktail auf fremder Bettkante. Lyrik der siebziger/achtziger Jahre von Dichtern aus der DDR. Ein Lesebuch. Hg. v. Peter Geist. Leipzig 1991. Er enthält Sonette von Gabriele Berthel, Volker Braun, Peter Gosse, Kerstin Hensel, Karl Mickel, Andreas Reimann und Holger Teschke.

[131] Volker Braun: Langsamer knirschender Morgen. Gedichte. Frankfurt/M. 1987, S. 28. Als Beleg für das Fortleben der angesprochenen Tradition s. im selben Gedichtband von Volker Braun (S. 14) ein reimloses Sonett nur mit einem Paarreim am Ende.

Nie hat Wissenschaft Kunst so gebaut
Kühl wie die ist und wahr. Das soll es geben
Hör ich dich murmeln verstanden von keinem.
Und Loch an Loch die Welt aus Gräbern Leben.

Das Gedicht erfüllt ein gängiges Reimschema, doch dieser klaren Strukturierung steht eine Destrukturierung auf der Ebene der Syntax gegenüber. Wortstellung und Satzbau weichen stark vom Üblichen ab, wodurch Zuordnungsprobleme und semantische Unklarheiten entstehen. Zwei Verse reimen sich jedoch nicht, und wenn man diese hintereinander liest, erhält man nicht nur einen syntaktisch klar strukturierten Satz, sondern auch gewissermaßen die Quintessenz der Charakterisierung Mickels und zudem eine Art Schlüssel für das Sonett Brauns: „Unsägliches sagbar in deinem Vers [...] / Hör ich dich murmeln verstanden von keinem." Die Gegensatzpaare Sagbares/Unsagbares, Verständlichkeit/Unverständlichkeit und Erfüllung/Nichterfüllung des Formschemas werden hier höchst kunstvoll aufeinander bezogen.

Ein ebenso hintersinniges und wenig vordergründiges Spiel mit den formalen Möglichkeiten treibt Thomas Rosenlöcher in seinem 1988 und damit ein Jahr nach des Autors vierzigstem Geburtstag und ein Jahr vor dem vierzigsten Jahrestag der DDR erschienenen Sonett.

Vierzigstes Jahr

Wer geht, der geht. Das geht noch gut mit mir.
Sprach ich und ging mit schütter wirrem Haare
durch der Fontänen rauschendes Spalier,
gelassen in der Gnade meiner Jahre

die Straße lang, bis ich im Kaufhausfenster
umringt von Büchsen wen mit Bart und Bauch
sah, daß ich dachte: Seh ich schon Gespenster,
und höflich nickte. Doch er nickte auch.

Daß ich ihm, der da zuckte, wenn ich ruckte,
denn höflich hatte er noch stets, geschickt

machtlos im rechten Augenblick, genickt,
gradwegs ins feistzufriedne Antlitz spuckte.

Das Glas traf, mich umwandt, ging, wieder heiter,
doch der im Spiegel nickte weiter.[132]

Die ersten beiden Quartette, die, durch Enjambement verbunden, die Begegnung mit dem Anderen im Schaufenster darstellen und in dessen Reaktion auf die Aktion des sprechenden Ichs - beidesmal Nicken - enden, sind im Kreuzreim gehalten. Im dritten Quartett, in dem sich beim Sprecher die Einsicht in die Spiegelbildlichkeit des Anderen durchsetzt, wird der hin- und herwechselnde Kreuzreim durch den spiegelsymmetrischen umschließenden Reim abgelöst. Der Schlußpointe, die beide Auffassungen wieder in die Schwebe bringt, bleibt so als dritte Reimform der für sie vor allem in der hier vorliegenden englischen Sonderform des Sonetts ohnehin übliche Paarreim übrig. Auch hier wird eine ‚Verständigung' mit einem Anderen inszeniert, die zugleich der Selbstverständigung über den eigenen Standort dient, wobei der Andere anscheinend - und am Ende doch nur scheinbar? - als eine Projektion des Selbst, des erfahrenden und reflektierenden Ichs erscheint. Das Spiel mit dem Schein in seinen verschiedenen Facetten, das das Gedicht entfaltet, wird in der Schlußpointe keineswegs beendet, sondern in eine neue Runde geführt.

Nutzt Rosenlöcher das Sonett - auch dies ist in der Tradition vorgeprägt - um an eine einzelne Erfahrung eine Reflexion über das Ich, ja über sein bisheriges Leben insgesamt anzuschließen, so finden sich vergleichbare Selbstbespiegelungen und Selbstvergewisserungsversuche im Sonett bei DDR-Autoren gerade in der Wendezeit häufig.

[132] Thomas Rosenlöcher: Schneebier. Gedichte. Salzburg u. Wien 1988, S. 19 (Lizenzausgabe der Erstveröffentlichung Halle 1988).

Dichterlesung, hamburgische

Und als auch ich in Hamburg angekommen,
und auch, dem Biermann nach, schon dreißig war,
da fand ich wie erwartet einen Narr
vor mir im Spiegel, den ich mitgenommen

aus Preußen, wo wir beide losgeschwommen.
Hier wär, daß alles gleich gilt, die Gefahr
für einen Dichter, kommt er gerad von da,
ist er dem Mauersyndrom erst entronnen.

So hörte ich es gleich von schicken Damen,
als ich hochfahrend das Wort Freiheit meinte
und auch das Unvergleichbare zugab
der beiden Welten mit dem Deutsch im Namen.

Recht wär, daß wohlgesetzt man hier vorweinte
und zöge ohne Forderungen wieder ab.[133]

An diesem Sonett Uwe Kolbes aus ‚Vaterlandkanal' (1989) fällt auf, daß der Übersiedler aus der DDR sogleich die Verbindung zu seinem Vorgänger Biermann herstellt, um sich erst auf der Basis dieser Rückversicherung der Reflexion über seine neue Situation zu überlassen. Im folgenden Sonett nimmt das Gedicht gar die Form einer Botschaft an die in der DDR Zurückgebliebenen, ja einer Zwiesprache mit ihnen an.

Für den Anfang

Ich will es hier zu Anfang gleich gestehen,
wie das Gewissen mir noch immer schlägt,
und sie, fernab, mir stets vor Augen steht,
die Heimat, die zugleich ich lauthals schmähe.

---

[133] In: Die andere Sprache. Neue DDR-Literatur der 80er Jahre. Text + Kritik Sonderband. Hg. v. Heinz Ludwig Arnold. München 1990, S. 151. Vgl. auch die beiden Sonette von Michael Wüstefeld und Annerose Kirchner in dem Band: Grenzfallgedichte. Eine deutsche Anthologie. Hg. v. Anna Chiarloni u. Helga Pankoke. Berlin u. Weimar 1991, S. 9 u. 97.

Lieb Freunde, halb im Wohl und ganz im Wehe,
wenn mir der Westfraß oft den Darm aufbläht,
liegts daran, was die Elbe mir herträgt.
Da wird die zartste Taube letztlich zähe.

Wähnt Mutter nicht mich im Schlaraffenlande?
Spricht Vater nicht Treue als Tugend an
und deutet seltsam heimlich auf die Reußen?

Ich aber suche, endets dreist im Wahne,
ein undeutsch (und drum ungeteiltes) Land,
gleich weit entfernt von Daimlerland und Preußen.[134]

Daß gerade auch jüngere Autoren wie Rosenlöcher und Kolbe die Sonettform verwenden, um Orientierungsprozesse darzustellen und um sich zu ihrem gesellschaftlichen, literarischen und persönlichen Umfeld in Relation zu setzen, sich mit und über andere(n) und sich selbst zu verständigen, bezeugt einmal mehr die ungebrochene Formtradition in der DDR-Literatur. Richten sich die expliziten Verweise in den meisten hier angeführten Sonetten auf (Sonett-)Autoren der literarischen Szene der DDR selbst, so bezieht sich Rainer Kirsch in einem Sonett der Nachwendezeit mit dem Namen Petrarca auf die ältere Formtradition, aber gleichfalls auf die Orientierungsfunktion, die der Form für das schreibende Ich im Hinblick auf seinen Lebensweg nachgesagt wird.[135]

Petrarca, nach Lektüre der Journale, braucht einen Kompaß

Aus Gnade, les ich, blieb ich ungemordet.
Womöglich auch nur aus Vergeßlichkeit.
So, fahl vorm Aug des Hinseins Häßlichkeit,
Pack ich mein Zeug. Wo lang nun? Umgenordet

---

[134] Ebd., S. 152.

[135] Vergleiche die Sonette ‚Im Maß Petrarcas' (Juni 1982) und ‚Petrarca nördlich versetzt' (August 1986) in: Rainer Kirsch: Kunst in Mark Brandenburg. Gedichte. München 1989, S. 20 u. 31.

Sind die Atlanten, und stadtaus die Weiser
Baumeln an Stangen schief und wetterwendisch,
Der Wind schlägt ruckend um, und wie unendlich
Quillt Dunst vom Weichbild, schon ein Ruf macht heiser -

Kein Polstern blinkt. Der Mond ist was aus Märchen.
Die Fenster blind an altvertrauten Orten.
Das Frührot, sonst den Kräften des Gemüts

So hilfreich, bietet Lerchen nicht noch Lärchen.
Da seh ich eine Schöne munteren Schritts,
Und wo die hinwill, hoff ich frisch, ist Norden.

November 1996[136]

Mit der Form als „Ordnungsmacht" steht es schlecht. „Wenn vor dem Übermaße des Geschauten [bzw. in der Zeitung Gelesenen] / Der Blick sich ins Unendliche verliert," dann ist der Glaube keineswegs mehr sehr stark vorhanden, daß das Sonett „Rettung vor dem Chaos" bringen könne. Entsprechend nachlässig wird die Form behandelt, mit unreinen und Schüttelreimen. Am Ende steht als Schlußpointe die unvermittelte Hoffnung, die sich an ein Motiv der petrarkistischen Sonetttradition knüpft, an den ‚munteren Schritt der Schönen', aber eben nicht aus der Form resultiert, die weder dialektisch noch auf andere Weise zu ihr hinführt.

Diese Distanz und Skepsis gegenüber der Form, die bei dem ‚Sonettveteranen' Kirsch hier zu beobachten ist, dürfte auch mit den allgemeinen Veränderungen nicht nur der Lebenswelt, sondern auch der literarischen Kultur im Vergleich zu DDR-Zeiten zusammenhängen. Die Verständigungsleistung der Form, die auf der Beliebtheit in einem relativ geschlossenen und vor allem überschaubaren Kreis von Autoren und auf der allmählichen Herausbildung von eigenen Traditionslinien in diesem literarischen Milieu beruhte, wird mit der Auflösung dieser

[136] In: FAZ Nr. 94 v. 23. April 1997, S. 39.

spezifischen DDR-Literaturszene und dem damit einhergehenden tiefgreifenden Wandel der Bedingungen literarischen Schreibens in Frage gestellt. Die Geschichte des DDR-Sonetts in seiner Besonderheit ist damit sicherlich an ihr Ende gekommen, was allerdings modifizierende Fortführungen und Um-schreibungen keineswegs ausschließt.

4. Sonett als Spiel-Form: Oskar Pastior

Wird die Form des Sonetts häufig für Äußerungen über Literatur und Literaten im allgemeinen und über das Sonett und Sonettisten im besonderen genutzt, so ist sie in Timmo Strohms Gedicht von 1992 zugleich Gegenstand der poetologischen Reflexion und mit weiteren ironischen formalen Spielereien verknüpft:

(für Erbéka)

Kryptogrammsonett, trochäisch

eine starre form für wort und dichtung
ist nicht tragbar! denn man muß doch sehn:
nicht um form, um inhalt soll es gehn!
freiheit der gestaltung ist verpflichtung!

alles, was noch zählt, ist die gewichtung
charismatischer verbal-ideen,
homogen, amorph und schizophren;
Ultra-intellektuelle Richtung.

NostalGier der Nachhutsdadaisten ...
Fähig doch zu nichts, als aus der Not
Ängstlich eine Tugend zu erlisten.

Hätten gern ein Reim- und Versverbot ...
Ihr seid einfach andre Formalisten,
Gegenteilsgeil. Neospießer. Und
poetisch
tot ...[137]

Der alte Gegensatz zwischen Starrheit der Form und Freiheit des Ausdrucks, der hier nochmals aufgegriffen wird, begründete eine Formfeindlichkeit, gegen die hier polemisiert wird. Damit rennt Strohm jedoch offene Türen ein, wie ein Blick auf die zeitgenössische Sonett-

[137] Zit. n. Greber (1994), S. 79, Text 14.

produktion zeigt. Das Sonett, das ja in diesem Sonett - ganz traditionell - gewissermaßen als Synonym für ‚Form' überhaupt gilt, als prototypische strenge Gedichtform, ist rein quantitativ erstaunlich reich vertreten. Und in dieser Menge von Sonetten, soweit ich sie überblicken kann, bilden die spielerisch-kombinatorischen einen Schwerpunkt. Sie gehen mit der Form und ihren möglichen Implikationen spielerisch um, nutzen die dem Sonett inhärente Kombinatorik in ausgeprägter Weise und verknüpfen das Sonett zudem mit anderen, ebenfalls zum Ludistisch-Kombinatorischen tendierenden Formen und Gestaltungsmitteln. Bei Strohm haben wir die Verbindung mit dem Akrostichon[138] (‚U-N-F-Ä-H-I-G'), bei Mario Francesco Billia - der vielleicht nicht ganz zufällig von bürgerlichem Beruf Chemiker ist - ‚Anagramm-Sonette'[139], bei Ulrich Holbein[140] eine metapoetisch reflektierte Kontamination mit dem Muster des Krimis, in Robert Schindels ‚Beobachtung der Herbstzeitlose' eine Variation desselben Themas in acht verschiedenen Gedichtformen, darunter das Sonett.[141]

Das Spiel mit der Form geht einher mit einer Betonung der Form, die sich zu einem Verweis auf die Form verstärken kann. Das Sonett eignet sich dafür besonders, da seine Form durch die Vielzahl und

---

[138] Übrigens auch schon in einer Mundartdichtung der sechziger Jahre zu finden: Hubert Baum: Alemanne-Wort. Sonettenkranz in Akrostichen. Freiburg/B. 1966. Der Band enthält fünfzehn formal strenge Sonette in alemannischem Dialekt auf große Alemannen wie J. P. Hebel oder A. Schweitzer, deren Name den Texten jeweils als Akrostichon eingeschrieben ist.

[139] In: Litfass 52 (1991), S. 7f.

[140] Ulrich Holbein: Sonette. In: Der Rabe 40 (1994), S.153f.

[141] In: Wespennest 88 (1992), S. 31-34; auch in: Robert Schindel: Ein Feuerchen im Hintennach. Gedichte 1986 - 1991. Frankfurt/M. 1992, S. 23-28; vgl. die zahlreichen Sonette in diesem Band und in: Robert Schindel: Geier sind pünktliche Tiere. Gedichte. Frankfurt/M. 1987. Das Phänomen der Form-Kontamination wird ausführlicher in Kapitel IV.6 behandelt.

wechselseitige Bezogenheit der Markierungen (Reim, Strophengliederung, semantische Struktur) sehr auffällig ist, da das Sonett als ausgesprochen formbetonte Untergattung gilt und diese Einschätzung das Bild des Sonetts nach wie vor stark prägt, und da es eine eigene Tradition der immanenten metapoetischen Reflexion ausgebildet hat. Darin könnte ein Grund für die Attraktivität des Sonetts in ‚postmodernen' Zeiten liegen. Das Sonett bietet sich an für eine ‚uneigentliche', ‚ironische' Formverwendung, die die Tradition als Summe der früheren Formverwendungen distanziert und spielerisch einbezieht und auf Autoreferenzeffekte zielt, die die Form selbst zum Gegenstand der Darstellung und mithin der Aufmerksamkeit der Rezipienten machen. Ein Beispiel, in dem Erfüllung traditioneller Formvorgaben und ironisches und selbstbezügliches Spiel mit diesen Vorgaben zusammenfallen, ist Rudolf Helmstetters ‚Sonettoid No. 2' von 1992:

> Kaum zu fassen wie alles sich pausenlos fort-
> schreibt usw. eins zwei drei vier ...
> usw. und so ... eben waren wir noch dort -
> jetzt bin ich schon wie schnell das geht hier.
>
> Die Wege trennen sich im Nu und jeder Ort
> verschwindet im Lauf der Begebenheiten. Wir
> heißt heute du und ich und wie am Schnür-
> chen geht er sie es seinen Lauf. Das letzte Wort
>
> verhallt im Rascheln wenn sich Blätter wenden
> wenn der Planet sich in Spiralen weiter dreht
> bis heut und morgen Tag und Nacht zusammenpassen.
>
> Wie aufgezogen fängt das Spiel an allen Enden
> hinterrücks von vorne an. Was feststeht steht
> nicht still geht usw. weiter kaum zu fassen [142]

[142] Zit. n. Greber (1994), S. 80, Text 17.

Eine in der Geschichte des Sonetts schon früh entwickelte Möglichkeit der Verstärkung des spielerisch-kombinatorischen Elements ist der Sonettzyklus, insbesondere der Sonettenkranz. Solche Verfahren der Zyklenbildung sind durchaus steigerungsfähig, wie ersichtlich an Queneaus schon erwähnten ,Cent mille milliards des poèmes' oder Jacques Roubauds Textspiel ,E', die beide Zyklik und Permutation verbinden.[143] Eine andere Steigerungsmöglichkeit ist der Mega-Sonettenkranz als ,Kranz der Kränze' mit 3164 Versen, projektiert von Ilja Selvinskij in den 1920er Jahren und tatsächlich ausgeführt in der modernen slowenischen Literatur.[144] Franz Josef Czernin hat in ,Die Kunst des Sonetts' und deren nachfolgendem zweiten und dritten Teil das Konzept aufgegriffen und halb umgesetzt, halb parodiert.[145] Seinem Nachwort zufolge hat er zunächst mit der Herstellung eines solchen Megasonettenkranzes begonnen, dann aber aus bestimmten Gründen, die er erläutert, einige der so entstandenen oder zu schreibenden Sonette weggelassen, dafür andere hinzugetan, die nicht dem vorgegebenen Schema entsprechen - etwa rein graphische Gebilde, nicht reimende Texte in der Art der Konkreten Poesie, leere Blätter etc. - und schließlich die Ordnung der Sonette aleatorisch durcheinandergebracht, zugleich aber die ursprüngliche Ordnung durch Zugabe einer Zahl zu jedem Sonett und durch ein nur aus Zahlen bestehendes ,Schlüsselsonett' erschließbar gemacht. Dieses Vorgehen wird im Nachwort mit einer organologisch-botanischen Metaphorik beschrieben und begründet, die in den Sonetten selbst, metapoetisch verknüpft mit den Wortfeldern Sprache - Schreiben - Literatur, wiederkehrt. Als Beispiel diene das ,Meistersonett' des Zyklus:

---

[143] Jacques Roubaud: E. Poèmes. Paris 1967.

[144] Siehe Greber (1994), S. 65.

[145] Franz Josef Czernin: Die Kunst des Sonetts. Bde. 1 u. 2/3. Linz 1985 u. 1993.

was bäume seien dem wald, sei laub den blättern,
wo wind bestiegen worden war, der sturm erklettern:
wenn sprossen leitern wären, späne pfostenhaft,
die frucht auch schale wird gewesen sein und saft?

zum beil die axt gehaut ist worden und zu hacken,
sobald, was keimt, der trieb wird, triebe, blüten wachsen:
- womit als feuer funken, flammen werden glühn,
so, wie das schwanken kahl war und das rauschen grün?

das angebaute nicht gekreuzt wird mit gesätem,
weil nicht das roden knickte, was das brechen mähte?
ob mit den ästen, zweigen wurzeln würden stämme?

die nägel waren schraubendes, das nägeln hämmer;
- obwohl, was morscht, das dürre wird, welken verfault?
- damit vom baum gepflanzt wird dies gewächs als kraut? [146]

Die von Czernin hier variierte formale Kombinatorik und Permutation ist das traditonelle Bauprinzip des Sonettzyklus in der Sonderform des Sonettenkranzes.[147] Einen Sonderfall der Zyklenbildung stellen Oskar Pastiors ‚Sonetburger' von 1983 dar, die mit vielfältigen und nicht leicht auf einen Nenner zu bringenden Verbindungen spielerischer Techniken wie Anagramm und Permutation arbeiten.

Der Band ist in sieben Abschnitte gegliedert, von denen, jeweils abwechselnd, vier Texte und drei Zeichnungen des Autors enthalten. Jeder Text-Abschnitt besteht aus vierzehn Texten. Jeder Text hat einen Titel und ist in zwei Quartette zu je vier Zeilen und zwei Terzette zu je drei Zeilen gegliedert. Alle Zeilen eines Textes haben gleich viele Buchstaben, wobei Leerstellen wie Buchstaben zählen; für den Titel gilt diese Regel in den meisten, aber nicht in allen Fällen. Diese Zeilenisometrie

[146] Czernin (1985), unpaginierter Anhang.

[147] Ein neueres Beispiel für einen formal traditionellen Sonettenkranz ist Martin Pohls ‚Die Himmelsstürmer' in: M. Pohl: Gedichte 1959-1995. Berlin 1995, S. 135-151.

wird durch Blocksatz verdeutlicht. Nicht durch Leerstellen unterbrochene Buchstabenfolgen werden künftig der Einfachheit halber als ,Worte' bezeichnet. In den Texten des ersten Abschnitts enthält (mit einer Ausnahme) jede Zeile nur ein Wort. Der erste Text des ersten Abschnitts beginnt mit der ersten Hälfte des Worts ,Perturbation' und gibt somit schon einen Hinweis auf das Bauprinzip der Texte.

liomis

pertur
turber
terbur
purter

burter
terpur
rupter
bertur

tiptop
burbur
pafpaf

püspis
bosfor
purpur[148]

Zunächst werden die Silben von ,pertur' vertauscht, dabei jedoch zugleich ,p' gegen ,b' ausgewechselt, so wie in dem Wort ,*Perturbation*' ja auch auf die Konsonanten ,p' und ,t' die Konsonanten ,b' und ,t' folgen. Anschließend werden die Vokale ,e' und ,u' vertauscht, und die vierte Zeile schließlich kann man sich aus verschiedenen Transformationen hervorgegangen denken: Aus der ersten Zeile durch Vertauschung von ,e' und ,u', aus der zweiten Zeile durch Auswechslung von ,t' gegen ,p' und ,b' gegen ,t', oder aus der dritten Zeile durch Vertauschen der Silben und Auswechslung von ,b' gegen ,p'. Hier treffen also die Ver-

[148] Oskar Pastior: Sonetburger. Berlin 1983, S. 6.

fahren, die in den vorangehenden Zeilen angewendet wurden, zusammen.

Im zweiten Quartett geht es ähnlich weiter: Auswechslung von ,p' gegen ,b', Silbenvertauschung und Auswechslung von ,b' gegen ,p', Silbenvertauschung und Umkehrung der Buchstabenfolge in einer Silbe, Vertauschung von ,u' und ,e', Auswechslung von ,p' gegen ,b' und erneute Umkehrung der Buchstabenfolge in einer Silbe, wobei man sich die Zeilen jeweils auch durch Anwendung anderer Verfahren aus anderen als der jeweils vorangehenden entstanden denken kann. Als strukturelles Verfahren kommt die Umkehrung der Buchstabenfolge hinzu.

Das erste Terzett bringt, darin ganz sonettgerecht, eine deutliche Veränderung. Die strenge kleinschrittige Variationstechnik wird aufgegeben, dafür treten in den Terzetten erstmals bekannte Wörter auf. Es kommen die übrigen Vokale des Wortes ,Perturbation' hinzu, außerdem ,ü' und ,s'. Auch der Bau der Zeilen ändert sich. Hatten bisher die beiden Silben jeder Zeile nur einen Buchstaben gemeinsam, nämlich ,r', so bestehen in den Terzetten drei Zeilen aus je zwei gleichen Silben und zwei Zeilen aus zwei Silben, die sich nur im Vokal unterscheiden. Einheit und Variation in der lautlichen Strukturierung des Textes werden auch darin deutlich, daß jede Zeile aus zwei Silben besteht, die wiederum aus je einem Konsonanten am Anfang und am Ende und einem Vokal in der Mitte bestehen, wobei die verschiedenen Vokale gleichmäßig über die beiden Texthälften, Quartette und Terzette, verteilt sind - in den Quartetten nur ,e' und ,u', in den Terzetten auch ,i', ,o', ,a' und (einmal) ,ü'.

Daß es sich bei den beschriebenen Verfahren um ein zugrundeliegendes System handelt, wird im Vergleich mit dem nächsten Text bestätigt. Eine gewisse Ausweitung liegt darin, daß nicht von einem, sondern von zwei zweisilbigen Worten ausgegangen wird, die in den Quartetten in strenger Permutation variiert werden, während in den

Terzetten neue Elemente auftreten, die ebenso durchgespielt werden. Auch die folgenden Texte behalten dieselben Grundregeln bei, obwohl sie über die Anzahl von zwei Silben pro Zeile hinausgehen: Quartette und Terzette haben ein unterschiedliches Inventar an Elementen, die in den Quartetten strenger und in den Terzetten freier permutiert werden, wobei aber eine gewisse Regelmäßigkeit der Abfolge gleicher Elemente gewahrt bleibt.

Diese Beschreibung trifft nun auch ganz genau auf das traditionelle Sonett zu, wenn man nur ‚Elemente' durch ‚Reime' ersetzt. Es zeigt sich also, daß Texte, die auf den ersten Blick nur durch die graphische Gestaltung etwas mit dem Sonett zu tun zu haben scheinen, im Gegenteil auf sehr präzise und komplexe Weise auf die Sonetttradition beziehbar sind. Man kann ihnen ein Konstruktionsprinzip zuschreiben, nach dem die formalen Prinzipien des Sonetts zunächst weitestgehend abstrahiert werden, um sie anschließend wieder zu konkretisieren und auf anderes Material als im traditionellen Sonett anzuwenden. So organisieren die Reimregeln in diesen ersten ‚sonetburgern' nicht mehr die Versschlüsse, aber dafür das gesamte lautliche Material und seine Verteilung. Es handelt sich daher in diesem Sinne nicht um ‚heruntergestufte', um ‚Schwund'-Sonette, sondern gewissermaßen um potenzierte, gesteigerte Sonette.

Erst der sechste Text bringt eine wesentliche Veränderung der Konstruktion.

redisfeding

hausaufgabe
pintestflur
wobelzimmer
hemisphärle

falubraster
gagelbaubau
rolostrunde
stüberlegur

rungenzödel
blagoslafte
zimmelfeder

stabenreibe
hostbumbune
sinterkögel[149]

Die strukturellen Bauprinzipien sind auf ein Minimum reduziert, dafür treten mehr bekannte Wörter (,hausaufgabe'), Zusammensetzungen mit bekannten Wörtern (,wobelzimmer') oder Binnererweiterungen bekannter Wörter (,*ro*los*trunde*') auf. Auch hier ist also mit einer Verminderung der texteigenen Regeln eine Annäherung an die natürliche Sprache verbunden. Diese Entfernung von den zunächst etablierten Strukturen setzt sich fort bis zu ihrem Höhepunkt im achten Text, der überwiegend aus Zahlen besteht. Der neunte Text kehrt zu einem etwas gelockerten Permutationsprinzip zurück, im elften Text sind Quartette und Terzette auch wieder deutlich getrennt, und bis zum vierzehnten Text vermindert sich die Silbenzahl pro Zeile wieder bis auf zwei. Das erste Wort des vierzehnten Textes ist ,syntet', das letzte ,myster' - ein poetologischer Hinweis auf die Anlage der Textfolge bis dahin, der zu erläutern ist.

Der gesamte erste Zyklus des Bandes läßt sich sonettanalog in Quartette und Terzette von Texten aufteilen. Im ersten Quartett wird ein Regelinventar etabliert, ins zweite Quartett hinübergenommen, dort aber aufgelöst bis zum Gegenpol extremer Freiheit, im ersten Terzett beginnt eine Rückkehr zur Regelhaftigkeit, die an seinem Ende auf ihrem Höhepunkt ist, und im zweiten Terzett wird schrittweise ein formaler Anschluß zum Beginn des Zyklus hergestellt, der im letzten Text in eine metapoetische Pointe mündet: Das Mysterium der Synthesis, der Zusammenstellung scheinbar sinnloser Elemente ergibt sich aus formalen Konstruktionsregeln, die Beziehungen zur Formtradition

[149] Ebd., S. 11.

des Sonetts unterhalten. Das Prinzip der Organisation einer Folge von sonettartigen Texten nach dem Bauprinzip des Sonetts ist die verallgemeinerte Version der Regel des Sonettenkranzes und mithin ebenfalls die Transformation eines Elements der Sonetttradition.

Der zweite Textzyklus setzt den ersten in gelockerter Form fort. Manche Texte nähern sich dem strengen Anagramm, etwa ‚Quirinus Kuhlmann'[150], die meisten lassen jedoch keine derart strengen Muster erkennen, ebensowenig wie die Abfolge der Texte im Zyklus. Beibehalten ist die Tendenz, die Terzette von den Quartetten durch eine Zunahme an Variation abzuheben. Der letzte Text bietet dafür zugleich ein Beispiel und einen metapoetischen Kommentar.

und viele und so

viele andere und
viele und andere
und viele andere
und andere viele

und viele andere
und andere viele
andere und viele
viele und andere

und so noch sehr
viele andere und
dazu noch andere

und andere hinzu
noch so so viele
andere und hinzu[151]

Der dritte Zyklus beginnt mit einem Text, der sich stark am Permutationsprinzip orientiert, indem er in den einzelnen Zeilen auf der Basis

[150] Ebd., S. 42.

[151] Ebd., S. 51.

eines einheitlichen Grundmusters Möglichkeiten der Ordnung von Buchstabenwiederholungen auslotet.

wetscherahnenclub

```
assa saas blu ulb
boob obbo gir gri
kook okko pis pis
appa paap zur ruz

noon onno kni ink
adda daad luf flu
alla laal ubu bub
dood oddo mit tim

fefe efef rür ürü
mama amam ter ret
spel leps udn nud

kaka akak kel elk
term trem ümü müm
lada alda nku unk[152]
```

Allein die Gliederung aller Zeilen in zwei Worte mit vier und zwei Worte mit drei Buchstaben verweist auf eine auch mikrostrukturelle Umsetzung von Sonettregeln. Sieht man also die Zeilen in Entsprechung zu Sonetten und die Buchstaben in Entsprechung zu Sonettzeilen, so findet man in den Zeilen eins bis acht von ‚wetscherahnenclub' in den ‚Quartetten' durchgehende umfassende Reime, wobei der Binnenreim des ersten ‚Quartetts' zum umschließenden Reim des zweiten ‚Quartetts' wird und umgekehrt. In den ‚Terzetten' werden die Möglichkeiten der Anordnung dreier neuer Reime durchgespielt: Achsensymmetrie (‚blu ulb'), Parallelismus (‚pis pis'), Permutationen (‚gir gri', ‚luf flu'), und man findet auch einen dreifachen Kreuzreim mit nur zwei Reimen (‚ubu bub'). In den Zeilen neun bis zwölf haben die ‚Quartette' Kreuzreime, wobei die Abfolge zwischen erstem und zweitem ‚Quartett'

---

[152] Ebd., S. 70.

wechselt, in Zeile dreizehn und vierzehn kommen verschiedene Permutationen hinzu. Die ‚Terzette' arbeiten mit den selben Möglichkeiten wie in den ersten acht Zeilen.

Schaut man auf die Abfolge der Zeilen und die in ihnen vorkommenden Vokale, so entdeckt man in den beiden Quartetten von ‚wetscherahnenclub' auch hier die umschließende Anordnung mit der Vertauschung von Binnenpaar zu Klammerpaar zwischen erstem und zweitem Quartett: au/oi/oi/au // oi/au/au/oi. In den Terzetten wird die Regelmäßigkeit zugunsten von Variationen etwas geringer, aber die überkreuzte Abfolge steht im Vordergrund: eü/ae/eu // ae/eü/au. Die Charakteristika des Sonetts sind hier also auf mehreren Ebenen angewendet und untereinander in Relation gesetzt, so daß etwa die ‚Quartette' der Quartette mit dem umschließenden Reim die größte Regelkonformität aufweisen, die ‚Quartette' der Terzette mit Kreuzreim und Permutationen schon eine größere Lizenz aufweisen, die ‚Terzette' der Quartette wiederum vor allem die kanonisierten Terzett-Reimformen abbilden, wohingegen die ‚Terzette' der Terzette die größte Variationsbreite zeigen. für eine vollständige Beschreibung der erkennbaren Interrelationen wäre noch einiges mehr anzuführen.

Es handelt sich hier also keineswegs um ‚lieder ohne sorte'[153], wie ein anderer ‚Sonetburger' heißt, vielmehr bauen sie sehr wohl auf der (Text-)Sorte ‚Sonett' auf, indem sie nicht nur, wie schon gezeigt, deren Regeln verallgemeinern und neu anwenden, sondern wie im letzten Fall auf mehreren Konstitutionsebenen anwenden und die entstehenden Interferenzen ausnutzen. In den letzten beiden Zyklen verstärkt sich außerdem ein Zug, der auch vorher schon zu bemerken war, nämlich der semantische Mehrwert, der einerseits mit dem Durchklingen von in der Verballhornung durchaus noch erkennbaren Wörtern, Wendungen oder Sprichwörtern verschiedener Sprachen und andererseits mit dem

[153] Ebd., S. 74.

Anschein von Grammatikalität durch Verwendung von Flexionsendungen diverser Idiome erzeugt wird.

waslick-pudlick

ferbant maunent
riptans woulant
wounams triptan
maulent farbant

maules kriblans
naumest woulant
soulans ritbang
ferbant louwant

fuiti fuiti beo
aorta mio edici
maudisons gorgo

eternisi tautor
woulo ze manont
franguan dedici[154]

Dieser letzte Text des Bandes geht - worauf es allerdings keine weiteren erläuternden Hinweise gibt - von dem lateinischen Proverbium ‚verba volant, scripta manent' aus und permutiert es in den Quartetten, nicht ohne verschiedene Anklänge und semantische Assoziationsmöglichkeiten. Im ersten Terzett erkennt man den sprechenden, alles imitierenden Vogel ‚Beo', die sehr vitale Schlagader ‚Aorta', die tötende und versteinernde (mithin allerdings auch in Bleibendes überführende) ‚Gorgo', kann also durchaus eine Entfaltung des traditionellen Gegensatzes von flüchtigem, aber lebendigem Sprechen und bleibender, aber auch toter Schrift assoziieren. Folgt man den denkbaren Konnotationen des zweiten Quartetts Zeile für Zeile, so trifft man auf ‚eternisi', was semantisch als ‚Ewigkeit' und grammatikalisch - orientiert man sich an der lateinischen Sprache - als Genitiv anzusprechen wäre, ‚tautor' wie griechisch

---

[154] Ebd., S. 115.

‚dasselbe' und der lateinische Komparativ, also eine doppelte Bekräftigung von ‚Ewigkeit'; die nächste Zeile läßt sich wohl - in welcher Sprache oder welchen Sprachen auch immer - als ‚ich will daß sie bleiben' lesen; in ‚franguan' findet man das lateinische ‚frangere', ‚zerbrechen', mit einer Endung, die im Spanischen die dritte Person Plural wäre, also ‚sie zerbrechen', und ‚dedici' bedeutet im Lateinischen ‚ich habe geweiht'. Diese Entzifferung, die sich ähnlich und mit ähnlichen Ungewißheiten bei anderen ‚Sonetburgern' anstellen ließe, endet selbst bei ‚Zerbrochenem', das man höchst unterschiedlich zusammensetzen kann: ‚Ich will, daß sie in Ewigkeit dasselbe bleiben, aber sie zerbrechen, was ich geweiht habe'; oder: ‚Wovon ich möchte, daß es, der Ewigkeit gleich, bleibe, habe ich geweiht, damit sie es zerbrechen'?

In beiden Möglichkeiten, aber auch im Verhältnis beider Möglichkeiten zueinander findet man die dialektische Verdichtung von Gegensätzen, die zuvor angesprochen und entfaltet worden sind, also eine durchaus sonetttypische Gestaltung. Und etwas zu weihen, um es anschließend zu zerbrechen, ist ebensowenig eine ungewöhnliche menschliche Handlung, wie eine Form fortzuschreiben, indem man sie scheinbar zerstört, um sie anschließend neu zusammenzusetzen und gerade dadurch zu steigern und zu beleben.

5. Formaler Konservatismus und thematische Aktualität: Ludwig Harig und Klaus Modick

Pastiors ‚Sonetburger' könnten den Eindruck erwecken, wer am Ende des zwanzigsten Jahrhunderts Sonette auf der Höhe der Zeit und der literarischen Entwicklung schreiben wolle, müsse sich erst möglichst weit von der Form entfernen, um dann auf verschlungenen Wegen zu ihr zurückzukommen. Doch es gibt Gegenbeispiele, die zeigen, daß neuartige Sonette auch ohne auffällige Neuerungen im Formalen möglich sind. Sehr konsequent und über längere Zeit hinweg ist Ludwig Harig diesen Weg gegangen. Harig kommt aus dem Kreis um Max Bense, und seine ‚Zwei Dutzend Sonette an Orpheus von Rainer Maria Rilke' von 1972 sind noch stark dessen sprachexperimenteller Tendenz verpflichtet. Inspiriert von einer Idee Raymond Queneaus, dessen Sonettband ‚Cent mille milliards de poèmes' er 1984 ins Deutsche übersetzt, reduziert er eine Auswahl der ‚Sonette an Orpheus' auf ihre Versschlüsse mit den Reimworten und erzeugt so traditionell gereimte Sonette mit kurzen Zeilen und syntaktischem Zusammenhang. Die folgenden zwei Beispiele aus dem ‚Ersten Teil' illustrieren das Schwanken des Leseeindrucks zwischen Bedeutsamkeit und Albernheit.

XI

Reiter
eingeprägt.
Ein Zweiter
ihn trägt.

Gebändigt
des Seins.
Verständigt
sind eins.

Beide
tun.
Weide

trügt
nun.
Das genügt.

XIII

Banane
spricht:
Ich ahne
Angesicht.

Weit
im Munde
Funde
befreit.

Was ihr Apfel nennt:
verdichtet,
aufgerichtet,

transparent,
hiesig,
riesig.[155]

Diese Texte sind nun überraschenderweise sowohl experimentell als auch formal konservativ. Auf andere Art erreicht Harig diesen Effekt auch in seinem nächsten Sonettband, indem er nicht nur ehrwürdige Gegenstände wie die Zeit oder das Buch, sondern auch Fußball und das Fernsehprogramm zum Thema von Alexandriner-Sonetten macht.

---

[155] Ludwig Harig: Zwei Dutzend Sonette an Orpheus von Rainer Maria Rilke. Pforzheim 1972; nicht paginiert.

Fernsehprogramm am Donnerstag

Am frühen Vormittag kann das Programm bereits
zur Lage der Nation den Seher unterrichten.
Die Sendung mit der Maus erlöst mit Lachgeschichten.
Es lacht der Mainzelmann. Es lacht Ilona Kleitz.

In luftger Reinweichkraft zeigt Ariel seinen Reiz
und Emil Obermann in seinen Scheingerichten.
Im Schlager für Den Haag Tendenzen sich verdichten.
Hans Rosenthal verzieht die Miene seinerseits.

Hier meldet sich der Sport. Dann lächelt Köpcke fröhlich.
Dort spät noch in der Nacht ein Spiel von Walter Boehlich:
ein deutscher Donnerstag mit tiefer Dimension.

Kein Humphrey Bogart schießt. Kein Chaplin bleckt die Zähne.
Es schießen die Sowjets. Ich sitze da und gähne.
Im Schlafe läutert sich die Lage der Nation.[156]

Ein wirklich neues Themenfeld im Sonett, das die Tendenz belegt, die Form für das (und vielleicht *gerade* für das) zu verwenden, was zuvor als nicht sonettwürdig angesehen worden wäre, weil es durch seine Alltäglichkeit sozusagen nicht die nötige ,Fallhöhe' für die elaborierte Form aufweist, ist der Sport, insbesondere der Fußball. Ror Wolf betont diese Alltäglichkeit, während Ludwig Harig Redeweisen von Sportreportern übernimmt, aber mit einem ,hohen' Stil kombiniert:

O abgetropfter Ball! O eingeschlenztes Leder!
Der fußerzeugten Kunst begleicht und opfert jeder
Tribut und Obolus im hirnverzückten Schrei.[157]

---

[156] Ludwig Harig: Pfaffenweiler Blei. Achtzehn alexandrinische Sonette. Pfaffenweiler 1980, S. 24.

[157] Harig (1980), S. 16. Vgl. Ror Wolf: Das nächste Spiel ist immer das schwerste. München 1980. Siehe auch das Radrennfahrersonett von Konrad Klotz: radlers abgang. In: Litfass 62 (1995), S. 21.

Harigs Doppelsonett in Alexandrinern auf das Fußballweltmeisterschaftsfinale 1986 in Mexiko greift nicht nur eine besonders heroische Variante der Form auf, sondern sucht auch den Gegenstand durch Wortwahl, Anspielungen und Vergleiche zu nobilitieren, was in der Kombination aber den Charakter einer Travestie ergibt. Das WM-Finale erscheint als Satyrspiel mythischer Großtaten.

Vor dem Finale
Mexiko '86

Das Schöne ist nur Geist, als Leib geformt, sagt Hegel
Es hat der Fußball, ach, die Weisheit umgestoßen.
Was einst als Nacktes galt, ist keusch verhüllt in Hosen,
es folgte freiem Schwur die doktrinäre Regel.

Und der antike Held erliegt robustem Flegel.
Die belgische Gewalt weicht Argentiniens Posen,
nicht deutsche Kampfmoral dem Zauber der Franzosen.
Was wird das Ende sein? Der Eisenfuß, der Schlegel?

Homerisch war der Streit. In heißer Kontroverse
zersprang das Fußgelenk, riß die Achillesferse.
Doch was einst Mythe war, ist heute Medizin.

Das Fuß- und Wadenspiel erhöhte sich im Geiste.
Was bleibt, ist nichts als Leib: der Krampf, die weiche Leiste.
Olympisch war der Eid, modern ist die Doktrin.

Nach dem Finale
Mexiko '86

Es lag an der Natur: am viel zu stumpfen Rasen,
an Montezumas Zorn, am Klima, am Komplott
der schnöden Fußballwelt. Im altbewährten Trott
versuchte unser Team den Lorbeer abzugrasen.

Doch Maradona kam, zum Strafgericht zu blasen:
aus Argentiniens Elf entsprang der Rachegott.
Ein Trost nur: Kaiser Franz versilberte den Schrott.
Beim späten 2:2 erhoben sich Ekstasen.

Vergebens hofften wir auf ein Elfmeter-Schießen,
weil Burruchaga wir so frech gewähren ließen.
Wir haben viel zu früh da hinten aufgemacht.

Trotz Bundeskanzler Kohl versagte sich die Wende.
Rolf Kramer sagte Matt: „Das Endspiel ist zu Ende."
Es war zu Ende, ja, wer hätte das gedacht.[158]

Die Kombination von Form, Thema und verschiedenen Sprachebenen in solchen Gedichten ergibt eine komplexe Balance, die sich abhebt von den Anwendungen einer reduzierten Sonettform auf alltägliche Gegenstände, wie sie in den sechziger Jahren praktiziert wurde. Einerseits ist hier eine größere Ernsthaftigkeit im Umgang mit der Form erkennbar, andererseits ist das spielerische Element stärker, und die Provokation steht nicht mehr im Vordergrund. Dazu paßt auch, daß viele von Harigs Sonetten in bibliophilen Ausgaben mit eigens angefertigten Illustrationen erschienen sind, wie auch das folgende Sonett von Roderich Feldes, das vielleicht im direkten Vergleich mit Gerhard Rühms ‚dokumentarischen Sonetten' von 1970 den Unterschied im Verhältnis zu der Form noch deutlicher machen kann. Bei Rühm wird durch das Dokumentarische die Beliebigkeit der sprachlichen Füllung der Form betont, ein Akt der Kunstzerstörung vollzogen in Nachfolge der Dadaisten, die empfohlen hatten, zur Herstellung eines Gedichts einen Zeitungsartikel zu zerschneiden, die Schnipsel zu mischen und neu zusammenzusetzen. Feldes stellt sich schon mit seiner Widmung an Johann Fischart und Quirinus Kuhlmann in eine ganz andere Tradition und führt am dokumentarischen Material eher die Virtuosität des Dichters vor, wenngleich nicht ohne ironische Distanz.

[158] Ludwig Harig: Hundert Gedichte. Alexandrinische Sonette, Terzinen, Couplets und andere Verse in strenger Form. München u. Wien 1988, S. 84f.

Vorschlag zur poetischen Kultivierung der Wetterberichte

die wetterlage: das azorenhoch
verlagert sich ostwärts und wird mit teilbereichen
im lauf des morgigen tages deutschland erreichen
zur zeit ist aber das islandtief noch

wetterbestimmend voraussichtlich
kommt es zunächst im südlichen raum zu änderungen
die allmählich übergreifen nach allen richtungen
starke luftbewegungen böig

im einzelnen: wolkig bis heiter
teilweise niederschläge weiter
hin besteht die möglichkeit

zu zeitweiligen aufhellungen
wind aus südlichen richtungen
zu kalt für die jahreszeit [159]

Klaus Modick, bis dahin kaum als Lyriker hervorgetreten, hat 1991 eine Sammlung von 50 Sonetten veröffentlicht, in denen die Form relativ streng gehandhabt wird: durchgehend englische Sonette mit drei kreuzgereimten Quartetten und einem gereimten Schlußcouplet. Zumindest in vielen Fällen findet sich sogar ein Wechsel des Reimgeschlechts. Meist fallen Strophengrenzen mit Satzgrenzen und Versenden mit Enden von Halbsätzen zusammen. Dieser Einheitlichkeit auf der formalen Seite stehen ausgeprägte Reflektiertheit, Vielseitigkeit und Aktualität auf der inhaltlichen Seite gegenüber. Von autoreflexiven Spielen mit der Form und ihrer Tradition wie im folgenden Beispiel bis zu den medialen Bedingungen der Gegenwart und der aktuellen Rolle von Literatur reicht die Spannweite.

---

[159] Roderich Feldes: Pitagorische Wechselküsse. 22 Sonette für Johann Fischart und Quirinus Kuhlmann. Büdingen 1982; nicht paginiert.

I

Für dich will ich keine Geschichten machen,
weil dein Gesicht die Geschichten schon kennt,
in deine Falten und in dein Lachen,
in deine Augen geschrieben: The End.

Für dich werd ich keinen Roman verfassen,
weil dieser Roman nie ein Ende nähm,
nie wollte ich diesen Roman verlassen,
weil immer ein neues Kapitel käm.

Für dich hab ich nie ein Gedicht geschrieben,
weil Worte ein Wind sind der trocken verweht,
weil sich nichts reimt auf die Liebe der Lieben,
weil alle Schönheit vor deiner vergeht.

Und dies Sonett? Du wirst es längst kennen,
mußt es nicht lesen kannst es verbrennen.[160]

Die hier ausgesprochene Paradoxie, daß sich angeblich „nichts reimt auf die Liebe der Lieben", sich aber doch etwas darauf reimt, nämlich „ein Gedicht geschrieben", durchzieht den gesamten Zyklus und gibt ihm einen wesentlichen Teil seines inneren Zusammenhalts. Die Unzeitgemäßheit und vermutete Vergeblichkeit von Schrift, Lesen und Literatur in einer Zeit, in der „Was wir seit Anbeginn geschrieben haben, / zerschmolzen zu Siliziumwaben" (17), steht in einem performativen Widerspruch zum geschriebenen und zu lesenden Reflektieren ebendarüber, zum melancholischen Umkreisen der formalen und medialen Veränderungen, für das die konzentrierte und zum metapoetischen disponierte Form des Sonetts gerade recht ist. Dieser Widerspruch wird von Anfang an zum Thema gemacht und gewissermaßen als Rahmen

[160] Klaus Modick: Der Schatten, den die Hand wirft. Sonette. Frankfurt/M. 1991, S. 9; im Original wie alle Gedichte des Bandes zentriert gesetzt. Zitate werden im folgenden nur mit Seitenzahl direkt im Text nachgewiesen.

benutzt, um ältere Funktionsbestimmungen von Literatur und ihre aktuelle Problematik durchzuspielen.

Dabei ergibt sich durchaus auch ein narrativer Zusammenhang in der Abfolge der Sonette. Nr. I und II haben den Charakter eines Prologs, in dem ein im ersten auftretendes ‚Ich' sich explizit über die vorliegenden Sonette äußert. Im Rest des Zyklus wird über den Protagonisten der sich entwickelnden Geschichte in der indirekten Form der dritten Person gesprochen, die zuweilen durch ein ‚Du' als Selbstanrede abgelöst wird. Insgesamt erweckt die Mischung von erzählenden und reflektierenden Passagen den Eindruck, Darstellung des Bewußtseins einer Person zu sein, die (selten) als ‚Ich' spricht, meist ihre eigenen Geschichte in unpersönlicher Er-Form erzählt, darüber zu allgemeinen Betrachtungen gelangt und manchmal im Selbstgespräch Möglichkeiten erörtert. In III bittet ein Kind ‚ihn', etwas zu erzählen, was ‚ihn' zum Erinnern seiner eigenen Kindheit animiert, aber stocken läßt. IV führt zurück in diese Kindheit, in der ‚er' noch imaginationsfähig war, sich mit den Tieren identifizieren konnte, noch keine Bücher las und die Sprache eine sinnliche, ja geradezu magische Qualität hatte. V verneint jedoch sogleich die Möglichkeit zur Rückkehr, auch nur in der Erinnerung, in die Paradiese der Kindheit. Diese Einschätzung wird auf einer allgemeineren Ebene plaziert, jenseits eines individuellen Bewußtseinsakts, und zwar durch den Wechsel zum unpersönlichen Pronomen ‚man' und durch das Zitat von und die Berufung auf ‚Strawberry Fields' von den Beatles: „Zurück ins Erdbeerfeld? Man schafft es nie. / Egal, *it doesn't matter much to me.*" (13) VI greift die ‚Es war einmal'-Formel auf, mit der ‚er' schon in III seine Kindheitserzählung beginnen wollte, und schildert eine Welt der Natur ohne Menschen, ohne Technik, Wissenschaft und auch ohne Literatur:

Es war einmal, daß die Bäume sprachen,
und kein Dichter hat ihnen zugehört,
es war einmal ein Frühlingserwachen,

und kein Lyriker hat dabei gestört.

Es war einmal eine Schrift aus Sternen,
von der die Schriften die Welt entfernen. (14)

Die Schrift, die von dieser Welt wegführt, wird selbst von neueren Speicher- und Kommunikationstechniken überholt. Das Sonett Nr. VII spricht von Büchern als „Endmoränen der Vergangenheit" (15), die nur noch Kinder manchmal interessieren. VIII kommt auf die Charakteristika kindlichen Erlebens zurück, die spielerische Identifikation mit den Dingen, das Fehlen von Fiktionsbewußtsein und von Distanz gegenüber Emotionen, und IX kontrastiert dies mit den modernen medienbestimmten Bedingungen auch der kindlichen Lebenswelt, in der „täglich wächst der große Funkturm Babel." (17)

X leitet mit dem Entwurf einer konkreten Situation in einer spätsommerlichen Landschaft wieder zu einer persönlicheren Ebene über, und in XI tritt ‚er' wieder auf und erweist sich als Schriftsteller, der über die Schwierigkeiten beim Schreiben reflektiert. In einer apokalyptischen Sicht erscheint der „Wortezerfall" (19) als einziges Thema, über das man noch schreiben kann, und in XII das Lesen „in diesen letzten Tagen" (20) als große Reminiszenz, die nur noch Staunen und Schweigen als Möglichkeiten läßt. XIII führt die apokalyptische Szenerie auf ihren Höhepunkt, und XIV in Anklängen an mystische Bildlichkeit auf das Thema des Schreibens zurück, das in XV wiederum konkretisiert und personalisiert fortgesetzt wird. XVI und XVII lassen romantische Dichtungskonzepte Revue passieren, die nicht mehr tragen:

Die Dinge lassen sich nicht mehr verdichten,
das Lied in ihnen schläft so tief wie nie,
zu oft zitiert nur um es zu vernichten
zerfiel das Zauberwort zu Entropie. (24)

Mit XVIII beginnt eine Reihe von Sonetten, mit denen sich der Fokus noch mehr auf die konkrete Schreibsituation verengt, hin- und herpendelnd zwischen Schreibtisch und Spaziergängen in der Natur, die keine Inspiration mehr bietet und nur auf ihre Unbeschreibbarkeit hinweist. Die anfänglich evozierte und sogleich verneinte Kindheits-Utopie wird nun deutlich auch auf einen verlorenen Zustand der Unbefangenheit bezogen, in dem die Wahrnehmung der Welt nicht schon durch Schrift, durch gespeicherte vorgängige Erfahrungen also präformiert erschien und das eigene Schreiben sich zwanglos zu ergeben schien, „damals als es ihn geschrieben hat"; jedoch: „Es führt kein Weg zurück ins Paradies, / bist du der Schrift verfallen schreib und lies." (35) In XXVIII und vor allem in XXIX kommt schließlich in einer Art Selbstgespräch auch die Form des Sonetts selbst zur Sprache.

XXVIII

Vom Schreiben leergesogen fehlt dir Fülle,
den Tag zerschrieben legst du dich zu Bett,
die Schlange häutet sich es fällt die Hülle,
was Absicht war ist nur noch ein Sonett.

Gedanken heben sich als weiße Tücher,
in deren Falten das geschrieben ist,
was keine Schriften wissen keine Bücher,
der schöne Rest der dir geblieben ist.

Im augenlosen Sehn erscheint der Schatten
der einzig wahren Schrift auf schwarzer Wand,
der Umriß dessen was wir einmal hatten
als Schattenspiel - die Linien deiner Hand.

Das bist du wirst du sein bist du gewesen,
die beste Schrift ist ein genaues Lesen. (36)

XXIX

Warum nicht einfach alles treiben lassen,
warum nicht einfach schreiben wie es fließt,
wie Regen fließt in unsortierten Massen
und nie zur Schrift wird, aus der einer liest?

Warum nicht Prosa, warum keine Sätze,
die klar und einfach sind und so gefügt,
daß die Ideen ihre festen Plätze
nicht tauschen können, weil der Satz sonst lügt?

So nett gedichtet. Warum diese Strenge,
warum die Zwangsjacke aus Vers und Reim,
warum das Wort gepreßt in Form und Enge,
warum die Teile eingeschmiert mit Leim?

Das müde Fleisch verbirgt sich im Korsett,
das müde Denken legt sich ins Sonett. (37)

Was sich zunächst als Anklage des Sonetts liest, kann im Kontext durchaus auch als poetologische Rechtfertigung der Formwahl gelesen werden. Es schließt sich an die Reflexionen über die Situation des Schriftstellers an, deren Problematik in Anlehnung an die Sprache der Mystik in Gegensätzen, ja in Paradoxen gefaßt wird: „Wer lange sucht wird niemals etwas finden, / [...] / wer wirklich hören will der muß erblinden/ [...] // Nichts einfacher als einfach sein und bleiben, / nichts schwieriger als einfach das beschreiben" (22); „Die Sprache liegt im Schweigen wie ein Messer / im Futteral, das es vor Rost bewahrt. // [...] die Sprache will das Schweigen überraschen" (30); „man sollte / mehr schreiben was man nicht beschreiben wollte" (33); „Noch einmal aus der großen Leere schöpfen" (35). Der grundsätzliche Widerspruch ließe sich so paraphrasieren: Einerseits sollte man gar nichts schreiben und stattdessen ‚was nie geschrieben wurde lesen'[161]; andererseits kann man sich ‚nach dem Sündenfall', d. h. als in der modernen Kultur sozialisierter Mensch weder dem Wunsch zu schreiben, also

[161] Um die Formulierung aufzugreifen, die Benjamin von Hofmannsthal übernommen hat; vgl. Hugo von Hofmannsthal: Der Tor und der Tod (letzte Szene); Walter Benjamin: Gesammelte Schriften. Hg. v. Rolf Tiedemann u. Hermann Schweppenhäuser. Bd. II/1. Frankfurt/M. 1977, S. 213. Benjamins Überlegungen zu einer mimetischen Ursprache scheinen in Modicks Sonetten an vielen Stellen durch.

produktiv an dieser Kultur teilzunehmen entziehen, noch der Notwendigkeit entfliehen, sich im Schreiben der gesamten archivierten Tradition zu stellen und dadurch wiederum in die Sprachlosigkeit und in die Schreibhemmung getrieben zu werden. Darum steht dem regressiven Drang zum Nicht-Schreiben, der melancholischen Kontemplation, der Sehnsucht nach Unschuld, Unbefangenheit, ja nach Ich-Auflösung die betonte und reflektierte Form gegenüber, mit ihrer literarischen und poetologischen Tradition, die ein naives Schreiben völlig unmöglich zu machen scheint und eben darum dem geschwächten Subjekt eine Stütze bieten kann. Das zeigt auch die zitierende Einbindung der Tradition. In Nr. XXVIII, das den ersten Pol des Gegensatzes akzentuiert, erscheint eine an die Belsazar-Geschichte erinnernde Schrift an der Wand, die schon in der Bibel den Untergang ankündigte, aber nicht verstanden werden konnte, obwohl sie als leuchtende Flammenschrift deutlich wahrzunehmen war; hier ist es „der Schatten / der einzig wahren Schrift auf schwarzer Wand", der sicherlich selbst bei noch so ‚genauem Lesen' keinerlei operationalisierbare Erkenntnisse vermitteln wird. Im nächsten Sonett wird eines der bekanntesten metapoetischen Sonette zitiert, Goethes ‚Das Sonett', in dem sich ‚reimen' auf ‚leimen' reimt wie hier ‚Reim' auf ‚Leim'. Doch was Goethes Gedicht dem Leimzwang des Sonetts entgegensetzt, die Eingebung des Gefühls, das ‚gewaltige sich Regen der Geister', kurz: die dichterische Inspiration, der spontane Impuls, ist gerade das, über dessen Fehlen das meist als ‚Er' auftretende Subjekt in Modicks Sonetten klagt. Daher liegt die sonettistische Lösung nicht in einer höheren Dialektik von Zwang und Freiheit, sondern in einer einfachen Notwendigkeit.

In den restlichen zwanzig Sonetten werden die entwickelten Motive vor dem Hintergrund des zentralen Antagonismus variiert. Diese Auflösung dessen, was sich zunächst als Mischung aus Bewußtseinsgeschichte und fortschreitender Argumentation präsentiert hatte, ist insofern konsequent, als die variierende Umschreibung von etwas, das ausgespart wird, die einzige praktische Lösung des Dilemmas von Schreiben-Müssen und Nicht-Schreiben-Können darstellt. Davon handelt auch das Titelgedicht Nr. XXXVIII:

Es liegen dunkle unerforschte Länder
im Schatten den die Hand wirft wenn sie schreibt,
chaotische Signale ferner Sender
aus Dunkelheit die immer dunkel bleibt.

Atlantis ist im Tintenmeer verschwunden
und dieses Meer wird niemals überbrückt,
der letzte Kontinent wird nie gefunden,
die nach ihm suchen sagt man sind verrückt.

Unglücklich bleiben doch die größten Lieben,
viel schwarzer Schatten wo viel Sonne strahlt,
die besten Bücher werden nicht geschrieben,
die besten Bilder bleiben ungemalt.

Zu schreiben bleibt nur noch Geographie
der weißen Flecken unsrer Phantasie. (46)

Der Schatten, die wichtigste Metapher des Zyklus, ist auch ein Bild für Unverfügbarkeit, Abhängigkeit und Abgeleitetheit der literarischen Produktion:

Ein guter Satz sind nur die Pünktlichkeiten
der Sprache bei dem großen Rendezvous
des Augenblicks mit allen Ähnlichkeiten,
sie sind die Feder, das Papier bist du. (53)

Und wem diese Ausdrucksweise anachronistisch erscheint, dem antwortet das anschließende Couplet:

Feder und Tinte sind nicht mehr zu retten?
Sie sind Signale, du bist die Disketten. (53)

Das Sonett ist also im günstigen Fall die passende Form, um das Paradox zur Darstellung zu bringen, daß die Klage über die Unmöglichkeit, sich von Vorgeprägtem zu lösen, ‚absolut modern zu sein', sich nicht von der Tradition ersticken zu lassen, selbst sehr traditionell ist und sich am besten einer Form bedient, die prototypisch den Gegensatz von subjektiven Antrieben und objektiven Notwendigkeiten zum Ausdruck bringt, was wiederum sehr traditionell ist. Damit ist auf der Ebene von Lösungen und Konzepten ‚nichts gesagt', vor allem nichts Neues, vielmehr ein Problem gestaltet, und mehr war auch nicht zu erreichen, wie Sonett Nr. L bekräftigt:

So weit so gut, bis hierher und nicht weiter.
Was klar zu sagen war ist klar gesagt,
die vierzehn Zeilen waren eine Leiter,
die fünfzigfach ins schöne Leere ragt. (58)

6. Form-Kontamination und Formzitat

Neben dem Spiel mit der Form, das die dem Sonett inhärenten Möglichkeiten nutzt, extrapoliert und experimentell zu potenzieren sucht, und formal eher konservativen Sonetten, die Originalität in der Anwendung des vorgegebenen Musters und seiner Adaption an die Gegenwart erstreben, gibt es eine dritte innovatorische Tendenz in den achtziger und neunziger Jahren. Sie kombiniert Charakteristika des Sonetts mit gegenläufigen Formelementen aus anderen Traditionen. Dabei entstehen Texte, die sich zum Teil sehr weit von der Sonetttradition entfernen, aber auf diese verweisen und diesen zitathaften Bezug durch ihre Gestaltung funktionalisieren.

Gerhard Rühm hat in der Form des englischen Sonetts eine sehr eigenwillige Neugestaltung des alten Sonettthemas ‚Liebe - erotische Anziehung' vorgelegt:

erna[162]

erna erna wenn du trittst
seh ich deine beine
und ich denk voll neid besitzt
du schönere als meine

erna erna bleib und setz dich
so sich runden deine knie
solche knie der neid verletzt mich
sah bei mir ich selbst noch nie

und da seh ich deine brüste
erna was ist mit mir los
heb mein hemd ich mit gelüste
flach die brust und zotteln bloss

---

[162] Gerhard Rühm: Geschlechterdings. Chansons, Romanzen, Gedichte. Reinbek 1990, S. 97.

drum zieh um mein sperma
zu der schöneren erna

Man könnte hier eine recht banale Parodie der Liebessonettistik mit ihren Tendenzen zur Spiritualisierung konstatieren, die durch thematische Herabsetzung erfolgt, wenn dem Sonett nicht durch Ton und formale Gestaltung etwas Volkslied- bzw. Kinderliedhaftes beigemischt würde. Der so bewirkte Eindruck von Naivität wirkt der Direktheit des sexuellen Impulses entgegen und balanciert dessen Gegensatz zur Sonettform wieder aus. Aus der Kombination von zwei divergenten formalen Mustern und einer mit beiden traditionellerweise kaum vereinbaren Thematik entsteht ein spannungsvolles Gefüge, das sich auf keine eindeutige Haltung zu seinen Ausgangsmaterialien reduzieren läßt. Der Verweis auf das Sonett ist für diese Wirkung konstitutiv. Er entsteht aus dem Wechselspiel von Bestätigung und Brechung der Erwartungen, die durch die am Text erkennbaren Sonettmerkmale geweckt werden.

Karl Riha hat eine Reihe von Texten veröffentlicht, die Elemente der Sonettform mit dem Prinzip der Aufzählung und Reihung verbinden, das der vielfältigen Gliederung des Sonetts diametral entgegengesetzt ist. Die Texte liegen zwischen dem Extrem völlig unterschiedsloser Abfolge von gleichen Reihengliedern, wie sie das schon zitierte ‚Taxidriver-Sonett'[163] repräsentiert, und einer inhaltlichen Ausgestaltung der Reihung, die Parallelismen zwischen Sonettform und Abfolge der Reihenglieder erzeugt. Das folgende ‚herbst-sonett' hält etwa die Balance zwischen diesen verschiedenen Möglichkeiten.

weil es schon lang gehangen hat,
fällt ab vom baum ein erstes blatt.

[163] Vgl. auch die übrigen Texte in: Karl Riha: Was ist mit mir heute los? Moritaten - Sonette - Short Poems. Giessen 1994, S. 57-72.

ein zweites blatt, es hat genug -
folgt diesem ersten zug um zug.

ein drittes ruft: ich bitt, ich bitt!
nehmt mich auf diese talfahrt mit!
ein viertes wendet sich und greint:
ich sei mit euch im falln vereint!

blatt fünf, blatt sechs, ein lauter schrei,
sind bei dem nächsten fall dabei.
blatt sieben fällt dem achten hinterher -

und rascher noch blatt neun und zehn,
blatt elf und zwölf im sturm verwehn:
bald fällt ein ganzes blätter-meer.[164]

Das Thema des Gedichts ist ein Vorgang, der keine markante Struktur aufweist, es sei denn die Variation ähnlicher Einzelereignisse und eine gewisse Steigerung, wie sie auch im Text dargestellt werden. Die Gestaltung betont eher diese Eigenart des Gegenstands, als daß sie ihm eine sonett-typische Prozessualität aufdrängen würde. Wenn man möchte, kann man zweifellos in dem Unterschied zwischen dem Fallen einzelner Blätter und dem eines ‚ganzen Blättermeers' einen Umschlag von Quantität in Qualität und somit auch die Forderung nach Pointierung am Schluß erfüllt sehen. Sieht man den Text im genannten Kontext, so erscheint er jedoch eher als ein Element in einer ebenfalls seriellen Reihe von Experimenten, in denen ausgelotet wird, wie sich die widerspüchlichen Formprinzipien des Sonetts und der Serie kombinieren lassen und welche Effekte dabei entstehen. In einer solchen Perspektive wird man die Form des Sonetts als Zitat auffassen, das bestimmte Erwartungen aufruft, aber nicht erfüllt. Vielmehr werden sie zur Darstellung des Problems oder der Frage verwendet, wieviel Struktur sich in einer relativen Gleichförmigkeit, dem Fallen der Blätter im

[164] Ebd., S. 55.

Herbst, noch erkennen läßt, oder anders gefragt, wieweit man die innere Strukturierung gegen Null gehen lassen kann, um einen Text dennoch als Sonett lesend vollziehen zu können.

Andere Texte Rihas testen die Form des Sonetts aus, indem sie zusätzlich etwa die Reimordnung verweigern, ja den Reim überhaupt, aber dafür die in der Sonetttradition verbreiteten Autoreferentialitätseffekte ins Spiel bringen:

auch dieses sonett hat ...

vvvvvvvvvvvvvvvvvvvvvvvvvvvvvvv
iiiiiiiiiiiiiiiiiiiiiiiiiiiiiii
eeeeeeeeeeeeeeeeeeeeeeeeeeeeeee
rrrrrrrrrrrrrrrrrrrrrrrrrrrrrrr

zzzzzzzzzzzzzzzzzzzzzzzzzzzzzzz
eeeeeeeeeeeeeeeeeeeeeeeeeeeeeee
hhhhhhhhhhhhhhhhhhhhhhhhhhhhhhh
nnnnnnnnnnnnnnnnnnnnnnnnnnnnnnn

zzzzzzzzzzzzzzzzzzzzzzzzzzzzzzz
eeeeeeeeeeeeeeeeeeeeeeeeeeeeeee
iiiiiiiiiiiiiiiiiiiiiiiiiiiiiii

lllllllllllllllllllllllllllllll
eeeeeeeeeeeeeeeeeeeeeeeeeeeeeee
nnnnnnnnnnnnnnnnnnnnnnnnnnnnnnn[165]

Ernst Jandls Sonett über Gebißreinigung ist einem Gedichtband mit dem Titel ,Idyllen' entnommen, was zum einen bedeutet, daß nicht nur das Neuartige der Kombination von Thema und Sonettform zu untersuchen wäre, sondern auch das Sonett als Mittel zur Gestaltung einer ,Idylle', eines ihm traditionell ja inkompatiblen Gattungsmusters.[166] Hier erscheint der Formgebrauch vollends unernst, Formtraditionen

[165] Ebd., S. 52.

[166] Zum metapoetischen Element, gerade auch unter Berücksichtigung der Gattungstraditionen, s. Christoph Zeller: Vom Eigenleben der Zeilen. Poetische Reflexion in Ernst Jandls ,idyllen'. In: Sprachkunst 29/1 (1998), S. 86-104.

und Gattungsmuster eher zitierend als sie tatsächlich zu Darstellungszwecken gebrauchend, doch reiht sich das Gedicht andererseits im Gesamtwerk Jandls in die allgemeine Aufwertung des Alltäglichen und zudem in die beim späten Jandl intensivierte Beschäftigung mit dem Altern, der Hinfälligkeit des Leibes und des Todes ein - nicht gerade Themen, die sich zum unverbindlichen Spiel eignen.

hohe kunst

für harry ertl

der zähne putzen nicht erleichtert wird
durch zahnprothese, die herausgenommen
zuerst gebürstet wird, dann die restzähne
die zahnprothese dann an ihren platz gedrückt

es führt auch umkehrung ans selbe ziel
die zahnprothese wird herausgenommen
restzähne werden erst, dann die prothese
gebürstet, sie darauf an ihren platz gedrückt

vom oberkiefer hier die rede ist
der unterkiefer ist prothesenlos
wenn auch die rechte hälfte beinah zahnlos

macht erst den unterkiefer zahnprothese jung
wird alles doppelt schwierig. hohe kunst
erst dann wird des gebisses reinigung [167]

Weder die Idylle als Form noch die Gebißreinigung als Thema würde man üblicherweise der ‚hohen Kunst' zuordnen, wohl aber das Sonett, vor allem wenn wie hier eine dialektische Gedankenführung als ‚innere Form' der ‚äußeren Form' korrespondiert. Das Thema wird im ersten Quartett exponiert, im zweiten Quartett durch eine „umkehrung" von einem anderen Aspekt her beleuchtet, das erste Terzett leitet zur Ausweitung und Steigerung über und bereitet die Schlußpointe vor: „hohe

[167] Ernst Jandl: Idyllen. Gedichte. Frankfurt/M. 1989, S. 105.

kunst / erst dann wird des gebisses reinigung", wenn sie in dieser somit vollendeten Form dargestellt wird. Das Zitieren der ‚hohen Kunst' des Sonetts ermöglicht ihre Übertragung auf die Gebißreinigung und zugleich die Kontrastierung mit diesem wenig reputierlichen Vorgang.

erstes sonett

am reim erkennt man oft die zeile
auch an der wörter gleichen eile
am silbenschlag, der wie der takt
des drummers jene dichter packt
die nie beim jazz in ruhe bleiben
sondern es mit den beinen treiben
den füßen, die den boden schlagen
als könnten sie es nicht ertragen
baß, drums, trompeten, saxophonen
ohne bewegung beizuwohnen.
wir sind vom selben holz gemacht
ihr schlagt und heult, und in uns kracht
ohrenbetäubend tag und nacht
donner der sprache, heult und lacht.[168]

Zunächst wird, in etwa mit dem ersten nicht als solches hervorgehobenen Quartett zusammenfallend, von Dichtung und dem sie bestimmenden Maß, der Lautwiederholung im Reim und dem gleichbleibenden Rhythmus, gesprochen; dann, im zweiten Quartett, ist von der mitreißenden Kraft des Rhythmus in der Musik die Rede, der Stabilität des Gleichmaßes wird die Dynamik der Bewegung entgegengesetzt; am Ende des ersten Terzetts wird der Vergleich zwischen der apollinischen Kunst der Dichtung und der dionysischen der Musik wieder explizit aufgegriffen und die Übereinstimmung beider behauptet, die im zweiten Terzett ausgeführt wird: auch in der Literatur ist Widerstrebendes, Gegensätzliches miteinander verbunden, ‚Heulen' und ‚Lachen', aber

[168] Jandl (1989), S. 10.

auch das Unartikulierte des Naturphänomens ‚Donner' und die Sprache als Inbegriff der Artikulation selbst. Trotz der fehlenden Strophengliederung und der minimalistischen Reimordnung läßt sich das Gedicht also durchaus als Verwirklichung des dialektischen Sonettypus lesen. Allerdings behält das Unartikulierte das letzte Wort. Die Selbstwidersprüchlichkeit dieser Aussage, liest man sie nur genau, ist auch die des Jandlschen Textes, will man ihn wirklich als klassisches dialektisches Sonett lesen. Denn er löst sein Formversprechen eben weder im Äußerlichen ein, noch bietet er eine wirkliche inhaltliche Synthese.

zweites sonett

die zeile will die zeile sein
hier muß nicht erst noch sinn hinein
mit sinn die sprache ist beladen
und dreckig, also laßt sie baden
im reinen schaum der schönen lieder
und fürchtet nicht, sie käm nie wieder
wie ihr sie kennt und wollt und braucht
wie wir erst aus dem schlamm getaucht.
wir setzten uns mit tränen nieder
denn unser leben war zu kurz
wir streckten eben erst die arme
nach einem schönen bilde aus
da riß es sich aus seinem rahmen
nichts blieb darin zurück. amen. aus.[169]

Hier wird nun sogleich das höhere Sinnbegehren, das sich so gerne mit dem Sonett verbindet, desavouiert. Die Sinnverweigerung, ja die Forderung nach Reinigung der Sprache von Sinn im ersten Quartett führt zum Lob des Ästhetisch-Fiktionalen „im reinen schaum der schönen lieder" im zweiten Quartett, das verfliegt, wenn man nach ihm greifen, ihm Substantialität abverlangen will. Die Lakonik des Schlusses wird

[169] Jandl (1989), S. 12.

durch die Schwundformen des Reims noch verstärkt: ‚aus' - ‚aus', ‚rahmen' - ‚amen', und ‚kurz' und ‚arme' sind permutativ-assonierend mit ‚zurück' und ‚rahmen' verbunden. Hier kann man selbst auf der mikrostrukturellen Ebene der Reimordnung von einem Zitat des formalen Charakteristikums der strengen Reimordnung sprechen.

Wie bei den beiden zuletzt zitierten Jandl-Texten ist auch in Wolfgang Hilbigs folgendem Gedicht der Bezug zum Sonett zunächst einmal vor allem durch den Titel gesetzt.

sonett

verdaut ist mein kupferoxyd [wände
verdaut mein teil des grünen abwaschs schwarzgespülter
die grauen bäume standen träufend über mir
und tote äcker kochten schwefelkohle mir zu füßen
mein kaum versehrter leib hat mich erlebt
und mit mir das vergehen schlecht erkannter gegenstände
verschlungnes gift das meinen regenkühlen geist getrübt
in bosheit hat es meinen leib geübt -
daß ihr mir vergebt!
- laßt meinen leib vergehen fressen im vergehenden gelände
er soll mich leben bis ihr seinen rest in eure kiste hebt.[170]

Am Rest des Textes fällt eher in den Blick, daß er keines der traditionellen Sonettmuster aufweist, ja nicht einmal vierzehn Zeilen hat. Allerdings ist ein von Reimen gleich doppelt umschlossener Paarreim zu erkennen: ‚getrübt' - ‚geübt' steht zwischen ‚erlebt' - ‚vergebt' und zwischen ‚gegenstände' - ‚gelände'. Zu beiden umschließenden Reimen gesellt sich noch ein drittes Reimwort, am Anfang und am Ende des Gedichts: ‚wände' und ‚hebt'. Somit ist das Prinzip der Verklammerung von Textteilen durch Reimstrukturen aus der Sonetttradition aufgenom-

---

[170] Wolfgang Hilbig: Die Versprengung. Gedichte. Frankfurt/M. 1986, S. 55; der Text folgt auf zwei Gedichte, die in weitaus stärkerem Maße das Sonettschema erfüllen, aber nicht als Sonette bezeichnet sind (S. 53f.).

men worden, aber doch stark variiert, denn zwischen Paarreim und umschließenden Reim schiebt sich jeweils noch eine andere Zeile, und nur teilweise ausgeführt. Die Gestaltung des Gedichts ist zu weit vom Schema des Sonetts entfernt, um aus sich heraus auch nur an ein Sonett denken zu lassen. Erst durch den Titel wird eine Beziehung zum Sonett erzeugt, durch die der Text dann als unvollständiges Sonett gesehen werden könnte. Aber damit wäre doch wohl schon zuviel behauptet. Vielmehr sollte man von einem Zitat der Sonettform sprechen, das durch das Zusammenwirken von Titel und gewissen Sonettelementen entsteht. Man kann das Gedicht kaum als Sonett ansprechen. Es liegt kein Gebrauch der Form vor, sondern ein Verweis, der das Gedicht gegenüber einem Sonett als defizient erscheinen läßt. Dieser Eindruck formaler Unvollständigkeit, der erst durch den Mitvollzug des Formzitats beim Leser entstehen kann, spiegelt das Thema des Verfalls wider, das die semantische Ebene des Gedichts bestimmt.

Noch ,unvollständiger' und mithin noch mehr auf das bloße Zitat reduziert erscheint die Form bei Zsuzsanna Gahse.[171] Sie läßt einem Prosatext mit dem Titel ,Zunächst', in dem es um das Weglassen von Textpassagen geht, ein Gedicht in acht- und vierzeiligen Strophen mit dem Titel ,Dann' folgen, dessen Text aus dem ersten Text durch Weglassen von Passagen entstanden ist, und diesem Gedicht letztlich ein ungereimtes Sonett ,Und Dann', das durch weitere Weglassungen erzeugt wurde. Dargestellt wird ein Weg von der Prosa zur Poesie, der einer der Aussonderung und Konzentration ist, und zugleich einer vom ,Reden über etwas' zum Vorführen desselben. Sicher nicht zufällig steht das Sonett hier stellvertretend für eine so verstandene Dichtung. Genauer gesagt verweist die Strophenordnung des Sonetts, die allein aufgegriffen wird, auf eine spezifische Formtradition, in der Dichtung über-

[171] Zsuzsanna Gahse: Zunächst Und Dann. In: Neue deutsche Literatur 45 (1997), H. 1, S. 91-93.

haupt gerne als ‚Ver-dichtung' im umgrenzten Raum des Sonetts gesehen wurde. Die Kontextualisierung, die dem Leser die Annahme suggeriert, daß dem Sonett ein Produktionsprozeß der Auswahl und Reduktion vorangegangen sei, verstärkt diesen Verweis und fokussiert ihn auf ein bestimmtes Moment der gängigen Sonettkonzeptionen. Das Formzitat dient hier also dem Thematisieren einer bestimmten Auffassung von Literatur, in der das Sonett als Prototyp von Literatur gelten kann und für die wiederum umgekehrt das Sonett symbolisch stehen kann.

Formkontaminationen, die die aufgenommenen Sonettelemente als reinen Verweis auf die Sonetttradition erscheinen lassen, und andere Kontextualisierungen der Sonettform, die signalisieren, daß mit ihr verbundene Vorgaben nicht eingelöst werden sollen, machen das Sonett zum Formzitat. Als Zitat verweist das Sonett auf die mit ihm verbundenen Traditionen, poetologischen Bestimmungen, thematischen Affinitäten, Wertungen usw., ohne diese notwendigerweise bestätigend, negierend oder modifizierend umzusetzen. Das Formzitat ist kein Indiz dafür, daß der zitierende Text als ganzer der Form zuzuordnen bzw. an ihrem Leitfaden zu rezipieren wäre. Vielmehr führt es die überkommene Form und die mit ihr verbundenen Erwartungen und Rezeptionshaltungen vor, und zwar mit einer ironischen Brechung, die ästhetische Erfahrbarkeit und reflektorische Distanznahme gleichermaßen gewährleistet. Vermittelt das Sonett eine durch die Form bestimmte Sicht auf die Welt, so vermittelt das Formzitat des Sonetts eine durch seine Gestaltung bestimmte Sicht auf das Sonett, also auch auf die sonetttypische Weltsicht. Es handelt sich um eine Beobachtung zweiter Ordnung, eine Beobachtung einer bestimmten Art des Beobachtens. Zumindest als Objekt einer solchen Gestaltungs- und Betrachtungsweise wird das Sonett auch weiterhin im kulturellen Fundus der historisch ausgebildeten Formen erhalten bleiben und aufgegriffen werden.

V. Schluß

Es hat sich als fruchtbar erwiesen, sowohl bei der Auswahl als auch bei der Analyse der Beispieltexte bestimmte in der älteren Forschung oft leitende Fragen hintanzustellen. Weder, ob die Gedichte Sonette sind, noch ob sie ‚richtige' oder gar ‚gute' Sonette sind, stand im Vordergrund, sondern die Frage, ob und wenn ja, welchen Bezug sie zur Sonetttradition haben. ‚Sonett' wurde nicht als Klasse verstanden, der bestimmte Texte angehören und andere nicht, sondern als Konzept, das von als prototypisch angesehenen Einzeltexten abgeleitet, aber auch von poetologischen Aussagen in Poetiken oder auch in Sonetten selbst beeinflußt sein kann, und das erkennbar die Folie für eine bestimmte Textproduktion darstellt. Dieses Konzept muß nicht einheitlich sein; es kann von Fall zu Fall unterschiedliche Schwerpunktsetzungen aufweisen, etwa klassizistische oder spielerisch-manieristische Varianten privilegieren. Wenn man überhaupt von *einem* ‚Konzept Sonett' sprechen kann, dann aufgrund eines Netzes von ‚Familienähnlichkeiten' im Wittgensteinschen Sinne, das die einzelnen Fälle zu einem Feld verbindet, innerhalb dessen zudem bestimmte Prototypen als Attraktoren fungieren, um die herum sich die Bezüge verdichten.

Die Kapitelgliederung der Textanalysen orientierte sich teilweise an solchen Schwerpunktsetzungen (etwa die Kapitel zur DDR-Tradition oder zu den spielerisch-kombinatorischen Tendenzen), teilweise an bestimmten Funktionalisierungen (das politische Sonett) oder an historischen Wendemarken (‚Aktualisierung in konservativem Umfeld'). Insgesamt ergibt sich das Bild einer zunehmenden Flexibilität und Versatilität im Umgang mit der Form, damit auch einer gewissen Unübersichtlichkeit zumindest auf den ersten Blick, ohne daß man sagen könnte, die Form habe an Bedeutung und Prägekraft verloren. Dieser falsche Eindruck der älteren Forschung resultierte aus einem klassifikatorischen Gattungsbegriff, der gerade die interessanteren Fälle der Bezugnahme auf die Form aus der Betrachtung ausschloß. Mit einem solchen Gattungsverständnis geht man nicht nur im Fall des Sonetts an einer allgemeinen Entwicklung vorbei, die Gattungen und Formen von historisch gültigen Normen der Textproduktion zu Möglichkeiten der Orientierung, zu verfügbaren, modifizierbaren und kombinierbaren Schreibweisen werden läßt.[172]

‚Das Sonett' kann nur dann als ‚überholt', ‚anachronistisch' oder ‚tot' gelten, wenn man einen Formbegriff zugrunde legt, der das Sonett mit bestimmten historischen Ausprägungen der Gattungsnorm oder auch mit von Literaturwissenschaftlern konstruierten Idealtypen identifiziert und konkrete Texte vorrangig an diesem Maßstab mißt. Macht man sich von dieser Beschränkung frei, dann erscheint das Sonett als Gegenstand von vielfältigen Bezugnahmen mit einer überraschenden Variationsbreite, von eher traditionellen und wenig reflektierten Fortschreibungen über traditionsbewußte metapoetisch begleitete Modifikation bis zu kühnen Potenzierungen und ludistischen Exzessen. Statt einseitiger Dominanzsetzungen liefert die Summierung von Möglichkeiten ein adäquates Bild des zeitgenössischen Sonetts: Es ist die Form der politischen schlaglichtartigen Pointierung *und* des manierierten innerliterarischen Spiels, des hohen Tons *und* der parodistischen Albernheit, der traditionsbewußten Betonung der eigenen Literarizität *und* der kulturstürmerischen Kunstschelte, es wird naiv fortgeschrieben *und* vorsichtig

[172] Eine Tendenz, die in der Forschung schon früh bemerkt wurde: „This restatement suggests a general hypothesis: namely that genre tends to mode. The genre, limited by its rigid structural carapace, eventually exhausts its evolutionary possibilities. But the equivalent mode, flexible, versatile, and susceptible to novel commixtures, may generate a compensating multitude of new generic forms. For the mode was abstracted from an existing concrete historical genre. The latter, closely linked to specific social forms, is apt to perish with them. But the mode corresponds to a somewhat more permanent poetic attitude or stance, independent of particular contingent embodiments of it." (Alastair Fowler: The Life and Death of Literary Forms. In: New Literary History 2 [1970/71], S. 199-216, hier S. 214)

aktualisiert *und* avantgardistisch transgrediert, dient als massenwirksame Agit-Prop-Form *und* zur Verständigung im Halb-Privaten, ist reaktionär *und* progressiv, anachronistisch *und* modern-postmodern. Diese Spannweite sollte nicht als Nachteil, sondern als Vorzug angesehen werden.

Literaturverzeichnis

Sonette

Anderson, Sascha u. Ralf Kerbach: totenreklame. eine reise. texte und zeichnungen. Berlin 1983

Anderson, Sascha, Stefan Döring, Bert Papenfuß-Gorek: Ich fühle mich in Grenzen wohl. Fünfzehn deutsche Sonette. Berlin 1985

Baum, Hubert: Alemanne-Wort. Sonettenkranz in Akrostichen. Freiburg/B. 1966

Becher, Johannes R.: Wiedergeburt. Buch der Sonette. Leipzig 1947

Becher, Johannes R.: Sternbilder auf Erden. Berlin-Ost 1955

Becher, Johannes R.: Gesammelte Werke. Hg. v. Johannes-R.-Becher-Archiv der Akademie der Künste der DDR. Bd. 6. Gedichte 1949-1958. Berlin u. Weimar 1973

Beheim-Schwarzenbach, Martin: Führer sehen Dich an. Sonette und Porträts. Worms 1975, S. 17; Lizenz der Ausgabe Hilversum u. Selva 1973

Biermann, Wolf: Alle Gedichte. Köln 1995

Billia, Mario Francesco: Anagramm-Sonette. In: Litfass 52 (1991), S. 7f.

Boersner, Mauricio: Aber die Götter wollen die Freude. Sonette. Hamburg 1949

Braun, Volker: Langsamer knirschender Morgen. Gedichte. Frankfurt/M. 1987

Braun, Volker: Texte in zeitlicher Folge. Bd. 3. Halle u. Leipzig 1990

Cramer, Heinz von: Swing-Sonette. Berlin u. Bielefeld 1949

Czernin, Franz Josef: Die Kunst des Sonetts. Bde. 1 u. 2/3. Linz 1985 u. 1993

Dammeyer, Heinz: Wachsende Verantwortung - mangelnde Courage: wir sind wieder wer? - Verfassungsspuren. Sonette. Paderborn 1995

Dreyer, Ernst-Jürgen: Gift & Gülle. Fünfzehn Müll-Sonette. Hamburg 1995

Dreyer, Ernst-Jürgen: Kotblech. Fünfzehn weitere Müll-Sonette. Hamburg 1996

Drucker, Erich: Aus fernen Ländern wir ... 24 Sonette um Deutschland. New York 1945

Eckardt-Skalberg, Elfriede: Erlebnisse Casanovas in Sonetten. Hamburg-Hamm 1964

Feldes, Roderich: Pitagorische Wechselküsse. 22 Sonette für Johann Fischart und Quirinus Kuhlmann. Büdingen 1982

Gajek, Enid: Ich lebe noch hier unten. Lakonische Sonette. In: Literatur im technischen Zeitalter 25 (1985), S. 87-91

Geerk, Frank: Notwehr. 77 Gedichte 1968 - 1974. Köln 1975

Gernhardt, Robert: Gedichte 1954-94. Zürich 1996

Grass, Günter: Novemberland. 13 Sonette. Göttingen 1993

Grünbein, Durs: Von der üblen Seite. Gedichte 1985-1991. Frankfurt/M. 1994

Grünbein, Durs: Nachbilder. Sonette I - VII. In: FAZ Nr. 38 v. 14. 2. 1997, S. 35; Nr. 41 v. 18. 2. 1997, S. 35; Nr. 43 v. 20. 2. 1997, S. 33; Nr. 46 v. 24. 2. 1997, S. 33; Nr. 49 v. 27. 2. 1997, S. 39; Nr. 51 v. 1. 3. 1997, S. 33; Nr. 55 v. 6. 3. 1997, S. 39

Hagelstange, Rudolf: Venezianisches Credo. Wiesbaden 1946

Hampel, Robert: Morschansker Sonette. Hungerlyrik 1945. Wien 1977

Harig, Ludwig: Zwei Dutzend Sonette an Orpheus von Rainer Maria Rilke. Pforzheim 1972

Harig, Ludwig: Pfaffenweiler Blei. Achtzehn alexandrinische Sonette. Pfaffenweiler 1980

Harig, Ludwig: Hundert Gedichte. Alexandrinische Sonette, Terzinen, Couplets und andere Verse in strenger Form. München u. Wien 1988

Haushofer, Albrecht: Moabiter Sonette. Zürich 1948

Hermlin, Stephan: Gedichte und Nachdichtungen. Berlin u. Weimar 1990

Hilbig, Wolfgang: Die Versprengung. Gedichte. Frankfurt/M. 1986

Holbein, Ulrich: Sonette. In: Der Rabe 40 (1994), S.153f.

Hülsen, Hans von: Gerichtstag. Sonette aus dieser Zeit. Mit einem Geleitwort von Joseph Gregor. Hamburg 1947

Jandl, Ernst: Idyllen. Gedichte. Frankfurt/M. 1989

Jandl, Ernst: übung mit buben. serienfuss. wischen möchten. Poetische Werke Bd. 6. Hg. v. Klaus Siblewski. München 1997

Jelusich, Mirko: Traum und Tat. Gedichte. Berg u. Bodman 1985

Kirsch, Rainer: Ausflug machen. Gedichte. Rostock 1980

Kirsch, Rainer: Kunst in Mark Brandenburg. Gedichte. München 1989

Klaesi, Jakob: Huldigung. Ausgewählte Sonette. Zürich 1947

Listreker, Jürgen: Ich war allein. Weimar 1958

Machule, Martin: Fatum Germanicum. Eine Symphonie in vier Sonettenkränzen. München 1979

Maurer, Georg: Gesänge der Zeit. Hymnen und Sonette. Leipzig 1948

Maurer, Georg: Zweiundvierzig Sonette. Berlin 1953

Meckel, Christoph u. Volker von Törne: Die Dummheit liefert uns ans Messer. Ein Zeitgespräch. In: Kürbiskern (1967), H. 3, S. 46-51; selbständig: Berlin 1967; wiederabgedruckt mit dem veränderten Untertitel ‚Ein Streitgespräch in zehn Sonetten' in: Volker von Törne: Im Lande Vogelfrei. Gesammelte Gedichte. Berlin 1981, S. 81-88; mit der Ergänzung durch zwei Sonette: Christoph Mekkel: Die Dummheit liefert uns ans Messer. Ein Zeitgespräch in zehn Sonetten aus dem Jahre 1967 mit einer Fortsetzung des Gespächs im Jahr 1982. Berlin 1983

Mickel, Karl: Odysseus in Ithaka. Gedichte 1957 - 1974. Leipzig 1976

Modick, Klaus: Der Schatten, den die Hand wirft. Sonette. Frankfurt/M. 1991

Müller, Heiner: Gedichte. Berlin 1992

Pabisch, Peter: So nette Gedichte. In: Litfass 47 (1989), S. 79-86

Panther, Wolfdietrich: Es hängt mein eigner nackter Leib zerteilt am Kreuz der Welt. 36 Sonette. München 1976

Papenfuß-Gorek, Bert: vorwärts im zorn usw. gedichte. Berlin u. Weimar 1990

Pastior, Oskar: Sonetburger. Berlin 1983

Petzet, Wolfgang: Die Sonette des Satans. Starnberg 1947

Pohl, Martin: Gedichte 1959-1995. Berlin 1995

Rarisch, Klaus M.: Die Geigerzähler hören auf zu ticken. Neunundneunzig Sonette mit einem Selbstkommentar. Hamburg 1990

Rauner, Liselotte: Schleifspuren. Gedichte, Epigramme, Sonette. Oberhausen 1980

Reimann, Andreas: Das Sonettarium. 1975 bis 1995. Leipzig 1995

Riha, Karl: Was ist mit mir heute los? Moritaten - Sonette - Short Poems. Giessen 1994

Rosenlöcher, Thomas: Schneebier. Gedichte. Salzburg u. Wien 1988 (Lizenzausgabe der Erstveröffentlichung Halle 1988)

Rühm, Gerhard: Gesammelte Gedichte und visuelle Texte. Reinbek 1970

Rühm, Gerhard: Geschlechterdings. Chansons, Romanzen, Gedichte. Reinbek 1990

Schindel, Robert: Geier sind pünktliche Tiere. Gedichte. Frankfurt/M. 1987

Schindel, Robert: Ein Feuerchen im Hintennach. Gedichte 1986 - 1991. Frankfurt/M. 1992

Schneider, Reinhold: Gesammelte Werke. Hg. v. Edwin Maria Landau. Bd. 5. Lyrik. Hg. v. Christoph Perels. Frankfurt/M. 1981

Schriefer, Werner: Stimme des Zorns. Sonette. Vaterstetten 1969

Schumann, Gerhard: Die große Prüfung. Neue Gedichte. Mannheim 1953

Schumann, Gerhard: Herbstliche Ernte. Gedichte. Berg u. Bodman 1986

Ständer, Christine: Sinnzeichen. Sonette. Warendorf/Westf. 1946

Thoor, Jesse: Die Sonette und Lieder. Hg. v. Alfred Marnau. Heidelberg u. Darmstadt 1956

Tidemann, Wilhelm: Sonette eines Deutschen. Bremen u. Hannover 1946

Törne, Volker von: Im Lande Vogelfrei. Gesammelte Gedichte. Berlin 1981

Wolf, Ror: Das nächste Spiel ist immer das schwerste. München 1980

Wondratschek, Wolf: Die Einsamkeit der Männer. Mexikanische Sonette (Lowry-Lieder). Zürich 1983

Sonettanthologien

Das deutsche Sonett. Dichtungen, Gattungspoetik, Dokumente. Ausgew. u. hg. v. Jörg-Ulrich Fechner. München 1969

Reines Ebenmaß der Gegensätze. Deutsche Sonette. Hg. v. Anita u. Walter Dietze. Berlin 1977

Deutsche Sonette. Hg. v. Hartmut Kircher. Stuttgart 1979

Zitierte Lyrikanthologien

De profundis. Deutsche Lyrik in dieser Zeit. Eine Anthologie aus zwölf Jahren. Hg. v. Gunter Groll. München 1946

Sonnenpferde und Astronauten. Gedichte junger Menschen. Hg. v. Gerhard Wolf. Halle 1964

Die andere Sprache. Neue DDR-Literatur der 80er Jahre. Text + Kritik Sonderband. Hg. v. Heinz Ludwig Arnold. München 1990

Ein Molotow-Cocktail auf fremder Bettkante. Lyrik der siebziger/achtziger Jahre von Dichtern aus der DDR. Ein Lesebuch. Hg. v. Peter Geist. Leipzig 1991

Grenzfallgedichte. Eine deutsche Anthologie. Hg. v. Anna Chiarloni u. Helga Pankoke. Berlin u. Weimar 1991

Sonettpoetiken

Becher, Johannes R.: Philosophie des Sonetts oder Kleine Sonettlehre. Ein Versuch. In: Sinn und Form 8 (1956), S. 329-351

s. a. Das deutsche Sonett (1969)

Forschungsliteratur zum Sonett nach 1945

Behrmann, Alfred: Variationen einer Form: das Sonett. In: DVjs 59 (1985), S. 1-28

Bormann, Alexander von: „Wer heut Sonette schreibt...". Hinweise zur historischen Semantik einer lyrischen Form. In: Literaturwissenschaft und Geschichtsphilosophie. Fs. für Wilhelm Emrich. Hg. v. Helmut Arntzen u. a. Berlin u. New York 1975, S. 146-159

Düwel, Hans: Abwandlung und Auflösung der Sonettform in der neueren deutschen Literatur. In: Wissenschaftliche Zs. der Universität Rostock 4 (1954/55). Gesellschafts- und sprachwissenschaftliche Reihe Heft 1, S. 49-62

Goetsch, Paul: Sonette über das Sonett. In: Literaturwissenschaftliches Jahrbuch 38 (1997), S. 261-280.

Greber, Erika: Wortwebstühle oder: Die kombinatorische Textur des Sonetts. Thesen zu einer neuen Gattungskonzeption. In: Zeichen zwischen Klartext und Arabeske. Konferenz des Konstanzer Graduiertenkollegs „Theorie der Literatur". Veranstaltet im Oktober 1992. Hg. v. Susi Kotzinger u. Gabriele Rippl. Amsterdam u. Atlanta 1994, S. 57-80

Greber, Erika: Textile Texte. Literaturtheorie und poetologische Metaphorik. Studien zur Tradition des Wortflechtens und der kombinatorischen Dichtung. Köln, Weimar u. Wien 1998 [angekündigt]

Hartung, Harald: Deutsche Lyrik seit 1965. Tendenzen - Beispiele - Porträts. München u. Zürich 1985

Imhof, Gérard: Le sonnet, une autre forme de résistance. In: CÉGerm 25 (1993), S. 165-174

Jungrichter, Cornelia: Ideologie und Tradition. Studien zur nationalsozialistischen Sonettdichtung. Bonn 1979

Maurer, Karl: [Rezension zu:] Walter Mönch, Das Sonett. Gestalt und Geschichte. In: Romanische Forschungen 67 (1956), S. 214-220

Mönch, Walter: Das Sonett. Gestalt und Geschichte. Heidelberg 1955

Naumann, Walter: Traum und Tradition in der deutschen Lyrik. Stuttgart u. a. 1966

Schindelbeck, Dirk: Die Veränderung der Sonettstruktur von der deutschen Lyrik der Jahrhundertwende bis in die Gegenwart. Frankfurt/M. 1988

Schlütter, Hans-Jürgen: Das engagierte Sonett der sechziger Jahre. In: Akten des V. Internationalen Germanisten-Kongresses Cambridge 1975. Heft 4. Hg. v. Leonard Forster u. Hans-Gert Roloff (=Jb. für Internationale Germanistik. Reihe A. Bd. 2). Bern u. Frankfurt/M. 1976, S. 212-222

Schlütter, Hans-Jürgen: Sonett. Mit Beiträgen von Raimund Borgmeier und Heinz Willi Wittschier. Stuttgart 1979

Schlütter, Hans-Jürgen: Formdispens im Sonett der Gegenwart. In: Akten des VI. Internationalen Germanisten-Kongresses Basel 1980. Teil 4. Hg. v. Heinz Rupp u. Hans-Gert Roloff (=Jb. für Internationale Germanistik. Reihe A. Bd. 8). Bern, Frankfurt/M. u. Las Vegas 1980, S. 517-526

Schneider, Thomas: Gesetz der Gesetzlosigkeit. Das Enjambement im Sonett. Frankfurt/M. u. a. 1992

Scott, Clive: The Limits of the Sonnet: Towards a Proper Contemporary Approach. In: Revue de Littérature Comparée 50 (1976), S. 237-250

Yates, William Edgar: Tradition in the German Sonnet. Bern u. Frakfurt/M. 1981

Personenindex

GPSR Compliance

The European Union's (EU) General Product Safety Regulation (GPSR) is a set of rules that requires consumer products to be safe and our obligations to ensure this.

If you have any concerns about our products, you can contact us on ProductSafety@springernature.com

In case Publisher is established outside the EU, the EU authorized representative is:

Springer Nature Customer Service Center GmbH
Europaplatz 3
69115 Heidelberg, Germany

Batch number: 10619557

Printed by Printforce, the Netherlands